KB052809

한국사
핵심 용어

교과서가 뚫린다 1

한국사 핵심 용어

초판 1쇄 발행 2014년 4월 3일 | **초판 4쇄 발행** 2020년 5월 27일

글 채희석, 최양순 | **그림** 백명식

펴낸이 김명희

책임편집 이정은 | **디자인** 고문화

펴낸곳 다봄

등록 2011년 1월 15일 제395-2011-000104호

주소 서울시 광진구 아차산로 51길 11, 4층

전화 070-4117-0120

팩스 0303-0948-0120

전자우편 dabombook@hanmail.net

ISBN 979-11-85018-16-4 64910

ISBN 979-11-85018-19-5 (세트)

ⓒ 다봄 2014

품명 아동 도서 **사용연령** 8세 이상 **제조국** 대한민국 **제조년월** 2020년 5월 27일 **제조자명** 다봄 **연락처** 070-4117-0120
주소 서울시 광진구 아차산로 51길 11, 4층
주의사항 종이에 베이거나 긁히지 않도록 조심하세요. 책 모서리가 날카로우니 던지거나 떨어뜨리지 마세요.
KC마크는 이 제품이 공통안전기준에 적합하였음을 의미합니다.

교과서가
뚫린다
0 0 1

한국사
핵심 용어

채희석 · 최양순 글 | 백명식 그림

다봄.

차례

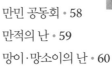

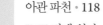

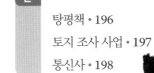

스스로 탐구하고 판단하는 역사 공부를 위하여

역사는 한낱 과거의 기록이 아니라 현재와 미래를 비추는 거울이라고 합니다. 역사가 남긴 교훈은 오늘의 우리를 돌아보는 지혜를 일깨우고, 미래로 나아가는 길을 알려 주는 지침서 역할을 한다고 할 수 있지요. 역사 공부의 중요성을 아무리 강조해도 지나치지 않은 것은 바로 이런 사실 때문이 아닐까 생각합니다. 특히 우리의 기록을 담은 한국사를 제대로 이해하는 일은 아주 중요하지요.

최근 2017년부터 대학 수학 능력 시험에 한국사가 필수 과목으로 지정되면서 많은 부모님과 학생들이 역사 공부에 큰 관심을 보이고 있습니다. 현재 한국사는 초등학교 5학년 사회를 통해 통사를 처음 접하고, 중학교와 고등학교에서 한국사와 세계사를 집중적으로 다룹니다. 시대와 지역을 한정하지 않고 모든 시대와 전 지역에 걸친 우리 역사를 5학년 때 배우게 됨에 따라 초등학생들의 학습 부담도 그만큼 커진 셈이지요.

그런데 역사 공부는 어느 한순간에 갑자기 몰아쳐서 배우거나 무조건 외운다고 되는 것은 아닙니다. 역사에 꾸준히 관심을 갖고 흐름을 파악하고 이해하는 것이 무엇보다 중요하지요.

이 책은 선사 시대부터 현대에 이르기까지 우리 역사를 형성해 온 사건과 인물들, 용어, 제도, 문화재, 유물 등을 한눈에 살필 수 있도록 사전 형식으로 정리한 것입니다. 교과서에 빼곡히 들어차 지루하고 어렵게만 느껴지는 용어들, 수많은 사건과 인물들을 찾아보고 그 뜻과 활동 내용, 사건의 전개 과정 등을 이해하기 쉽게 풀이해 놓았지요. 초등학생의 눈높이에 맞게 좀 더 정확하고 간결하게 다듬고, 어느 한쪽에 치우치지 않은 정확하고 객관적인 내용을 담으려고 노력했습니다.

역사는 처음에는 아주 복잡하고 어렵게만 느껴집니다. 하지만 이 사건이 다음 사건에 어떤 영향을 주었는지 앞뒤 사건을 연결하고 이야기의 맥락을 찾다 보면 쉽고 재미있어지지요. 어린이들에게 필요한 것은 역사를 단순히 숫자와 글만으로 머릿속에 담는 것이 아니라 역사적 사실들을 현재, 그리고 미래와 연결 지어 생각하는 힘을 길러 주는 것입니다. 역사를 일방적으로 받아들여 눈앞에 보이는 정답을 찾는 것이 아니라, 스스로 탐구하고 판단할 수 있도록 역사에 대한 흥미를 갖게 하는 것이지요.

우리 역사를 아는 것은 너무나 중요한 일입니다. 이 책을 통해 역사는 따분하고 지루하고 외워야만 하는 어려운 과목이라는 생각에서 벗어나, 역사를 좀 더 가깝고 편하게 느낄 수 있었으면 좋겠습니다. 역사에 대한 관심과 궁금증은 많은데 막상 역사 공부는 힘들어 하는 어린이들에게, 이 책이 늘 가까이 두고 필요할 때마다 펼쳐 볼 수 있는 역사 공부의 좋은 길잡이가 되기를 바랍니다.

2014. 3.

최양순

갑신정변 甲申政變
1884년 · 조선의 자주독립과 근대화를 목표로 일으킨 정치적 변동

갑신년인 1884년에 개화파"가 근대적인 정부를 세우기 위해 일으킨
정치적 큰 변동이에요. 당시 조선은 새로운 사상이나 문물 등을 받아들
이는 개화 정책을 펴 나가야 했어요. 하지만 권력을 잡고 있던 민씨들은
개화 정책을 자꾸 미루며 자신들의 권력을 유지하기 위해 청나라를 떠받
들고 있었지요. 특히 신식 군대인 별기군"과 구식 군대를 차별하자 구식

갑신정변이 일어나기 전 개화파들의 모습. 김옥균,
박영효, 서재필 등의 급진 개화파들은 갑신정변을 통해
개혁을 이루려고 했지만 실패했어요.

군인들이 임오군란"을 일으킨 다음 청
나라의 간섭은 더욱 심해졌어요. 그러
자 조선 스스로 근대적 개혁을 하기가
어려워졌고, 이에 반발한 개화파들이
일본 군대의 힘을 빌려 자신들의 주장
을 이루고자 했어요. 김옥균, 박영효,
서재필 등 적극적으로 개화 정책을 펴
던 급진 개화파들이 우편 업무를 맡아
하는 우정국 설립 축하 잔치를 틈타 정
변을 일으킨 것이지요.

개화파들은 민씨 정권과 청나라 세력을 몰아내고 사회 제도를 고치기
위해 정책을 발표하는 등 개혁을 서둘렀어요. 청나라에 바치던 조공예물
을 보내지 않고, 신분 제도를 없애고, 능력에 따라 관리를 임명하고, 잘
못을 저지른 관리는 벌주는 등의 개혁안이었지요. 그러나 청나라 군대가
다시 공격해 오고 일본이 물러나면서 정변은 3일 만에 실패로 끝났어요.

그 뒤 중심인물들은 일본으로 망명하고, 청나라의 간섭이 더 심해지면서
민씨 세력이 다시 정권을 잡았어요.

　　갑신정변은 우리나라에서 자발적으로 일어난 최초의 근대화
운동이에요. 하지만 일반 백성들 사이에
개화사상이 널리 퍼지지 않아 백성들의
지지를 받지 못했고, 일본의 힘에
의지해서 목적을 이루려고 했기에
실패하고 말았습니다.

■ 개화파 ○ 16쪽
■ 별기군 ○ 77쪽
■ 임오군란 ○ 158쪽

갑오개혁 甲午改革

1894년 · 조선 사회를 근대 사회로 바꾸기 위한 노력

갑오년인 1894년부터 1896년 사이에 세 차례에 걸쳐 이루어진 개혁 조치예요. 당시 조선에서도 개혁을 해야 한다는 필요성을 느껴 정부가 중심이 되어 낡은 제도를 없애고 근대 국가로 발돋움하고자 했지요.

문제는 일본에 의해 개혁을 강요당해 취해진 조치라는 점이에요. 김홍집을 중심으로 김윤식, 유길준 등 친일적인 개화파"들이 중심이 되어 군국기무처"라는 기구를 세운 뒤 정치, 경제, 사회, 문화 전체의 제도를 뜯어고쳤어요. 갑오개혁으로 청나라에 의지하지 않고 자주독립을 꾀했으며, 과거 제도를 없애고 능력에 맞춰 관리를 뽑았어요. 또 양반과 상민의 신분 구별을 없애고, 세금을 화폐로 받았으며, 학교를 세우는 등 각 부분에서 커다란 개혁을 해 나갔어요. 고종은 개혁을 더 적극적으로 하기 위해 우리나라 최초의 헌법이라고 할 수 있는 홍범 14조"를 발표했지요.

갑오개혁은 조선을 근대적으로 바꾸려는 노력이었으며, 그 뒤 많은 개혁에 영향을 주었어요. 하지만 우리 스스로 개혁을 이루지 못하고 일본의 뜻대로 개혁이 이루어져 일본이 조선을 차지하게 되는 기회를 만들어 주었어요.

■ 개화파 ○ 16쪽　　■ 군국기무처 ○ 29쪽　　■ 홍범 14조 ○ 213쪽

강화도 조약 江華島條約

1876년 · 조선과 일본이 맺은 불평등 조약

1876년에 조선과 일본의 대표가 강화도에서 맺은 조약으로, 병자 수호 조약이라고도 해요. 우리나라가 외국과 맺은 첫 근대적 조약인데, 일본에 유리한 내용만 담겨 있고 조선의 권리는 나타나 있지 않은 불평등 조약이에요. 근대화를 이룬 일본이 조선과 다시 외교 관계를 맺으려 했지만 받아들여지지 않자 군함을 이끌고 와서 강제로 맺게 한 조약이기도 해요.

이 조약에 따라 조선은 부산, 원산, 인천 등 세 항구에 일본 배가 마음대로 드나들 수 있도록 허락했어요. 또 치외 법권을 인정했는데, 이는 죄를 지은 일본 사람을 일본의 법에 따라 일본 관리가 다스리게 한 것이에요. 또한 일본이 조선의 해안을 자유로이 재고 살펴볼 수 있도록 허가했어요. 조약에는 '조선은 자주국이며 일본과 평등한 권리를 가진다.'고 밝혔지만, 조선과 중국의 관계를 끊게 한 뒤에 일본이 조선을 쉽게 침략하려는 목적으로 내세운 것들이지요.

이 조약을 맺음으로써 조선은 개항을 했지만, 일본의 공산품이 대량으로 들어와 경제가 더 어려워졌어요. 이후 일본이 우리나라를 침략하는 길을 마련해 주었습니다.

개화파 開化派
개화를 주장하던 정치 모임

조선 말기 개화 정책을 펴야 한다고 주장하던 정치 모임을 말해요. 1870년 무렵 박규수, 오경석, 유홍기 등은 나라의 문을 열고 서양의 발전된 문물을 받아들여 근대 사회를 만들어야 한다고 생각했어요. 이들은 개화사상의 뼈대를 세우고 청년들에게 개화사상을 공부하게 해 개화파가 생겨나는 계기를 만들었지요.

개화파는 1882년 임오군란*을 계기로 급진 개화파와 온건 개화파로 나누어져요. 급진 개화파는 조선을 하루빨리 개화하려는 사람들이에요. 서양의 앞선 과학 기술뿐만 아니라 사상과 제도까지 적극적으로 받아들이자고 주장했어요. 김옥균, 박영효, 서광범, 서재필, 윤치호 등이었는데, 이들은 청나라의 간섭을 크게 반대하며 나라를 뿌리부터 개혁하려고 했어요. 이들 급진 개화파를 '개화당'이라고 불렀어요.

온건 개화파는 개혁은 하지만 주변을 살펴 가며 천천히 실천하자는 사람들이에요. 서양의 앞선 과학 기술은 받아들이지만 예전부터 내려오는 제도와 사상은 지키자고 주장했어요. 급진 개화파들보다 나이도 많고 벼슬도 높았던 김홍집, 김윤식, 박정양, 어윤중 등이에요.

급진 개화파는 갑신정변*을 일으켰고, 온건 개화파는 갑오개혁*을 이끌어 나갔어요.

■임오군란 ○158쪽   ■갑신정변 ○12쪽   ■갑오개혁 ○14쪽

경국대전 經國大典
조선 시대 최고의 법전

조선 시대에 나라를 다스리는 기준이 된 법전이에요. 이전에 만든 여러 법전을 모두 모아서, 세조 때 만들기 시작해 성종 때 완성했어요. 그 뒤 시대가 흐르면서 고치고 다듬기도 했지만 기본 뼈대는 바뀌지 않고 조선 말기까지 계속 사용했어요. 조선은 이 법전에 따라 제도와 형벌 등의 틀을 정하고 정치를 펴 나간, 법률로 나라를 다스리는 국가였어요.

《경국대전》은 이전, 호전, 예전, 병전, 형전, 공전의 6전으로 나누어 정리되어 있어요. 왕실과 관리가 해야 할 일, 세금에 관한 것, 백성의 일상생활에 관한 것, 군사 제도, 형벌과 재판에 관한 것, 도로 공사와 교통에 관한 내용 등으로 이루어졌지요. 그래서 나라의 모든 일과 고을의 일, 가정의 일을 결정하고 해 나갈 때 《경국대전》을 따랐어요.

《경국대전》은 정치, 경제, 사회, 문화의 기본 규범을 모두 담아 조선을 다스리는 기준이 되었으며, 사회 질서를 유지하는 데도 중요한 역할을 했어요.

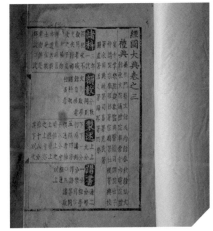

《경국대전》은 조선 시대의 기본 법전이에요. 보물 1521호로 지정된 《경국대전》 권3은 현존하는 《경국대전》 중 가장 오래된 것으로, 역사학적으로 귀중한 가치를 지니고 있어요.

경제 개발 5개년 계획
국민 경제 발전을 위해 추진한 경제 계획

뒤떨어진 경제를 발전시키기 위해 1962년부터 1981년까지 5년 단위로 네 차례에 걸쳐 이루어졌어요. 1982년부터는 '경제 사회 발전 5개년 계획'으로 이름을 바꿔 1996년까지 실시했지요.

이 기간 동안 우리나라 경제는 성장률이 해마다 10퍼센트 안팎에 이를 정도로 매우 빠르게 성장했어요. 정부는 외국의 자본을 들여와 시멘트, 비료, 정유, 철강 등 산업이 발전하는 데 바탕이 되는 공장들을 세웠어요. 그 결과 많은 사람들이 일자리를 얻었고, 수출도 해마다 늘어났어요. 1970년에는 경부 고속 도로가 개통되어 생활 모습이 달라졌고, 1977년에는 수출이 100억 달러에 이르렀지요. 또 경제 개발 초기에는 경공업이 발달했지만, 1970년 이후로는 중화학 공업이 발달했어요. 또한 농업과 과학 기술 발전에도 노력을 기울여 큰 성과를 올렸지요.

경제 개발 5개년 계획을 실시해 국민 소득이 증가했으며, 공업과 경제가 빠르게 발달했어요. 하지만 경제를 국내보다는 해외 부문수입과 수출에 더 많이 의지하려 하고 가난한 사람과 부자의 차이가 심해지는, 좋지 않은 일들도 생겨났습니다.

ㄱ

고려청자 高麗青瓷
고려 시대에 만들어진 푸른빛의 자기

우리나라의 도자기는 선사 시대" 때 쓰던 토기에서 발달했어요. 자기를 만들기 전에는 토기나 목기, 청동기 또는 금이나 은으로 만든 그릇을 썼지요. 그런데 그런 그릇들은 깨지고, 만들기 어렵고, 무겁고, 너무 비쌌어요. 그래서 토기 만드는 기술을 바탕으로 중국 송나라의 기술을 받아들여 도자기를 만들기 시작했어요. 흙으로 빚은 토기에 유약을 발라 높은 온도에서 구워 더 단단하고 모양도 예쁜 자기를 만든 거예요.

고려의 자기는 푸른 빛깔을 띠는 청자가 많았어요. 청자는 일반 도자기, 벼루, 필통, 기와, 바둑판, 베개, 장식품 등으로 만들어질 만큼 쓰임새가 많았지요.

고려는 초기에는 청자에 아무런 무늬를 넣지 않은 순청자를 만들었어요. 그러다가 12세기 중엽부터 상감 기법을 이용해서 무늬를 넣은 상감청자를 만들었어요. 상감이란 금속, 도자기, 나무, 유리 등의 표면에 여러 무늬를 새기고 그 안에 금, 은, 보석, 흙, 뼈, 자개 등을 넣어 채우는 거예요. 투명하고 은은한 비취색이 나는 상감 청자는 고려에서 개발한 독창적인 상감 기법으로 만든, 세계에서 가장 아름다운 도자기로 일컬어집니다.

고려 시대에 귀족 문화와 더불어 발달한 청자는 세계적으로 인정받는 우리의 대표적인 문화유산이에요.

국보 96호인 청자 구룡형 주전자예요. 연꽃 위에 앉아 있는 거북 모양이에요.

■ 선사 시대 ○ 99쪽

19

고인돌
청동기 시대의 무덤

'돌을 고인다.'고 해서 붙여진 이름으로, 큰 돌을 몇 개 둘러 세우고 그 위에 넓적한 돌을 덮어 놓은 청동기 시대* 사람들의 무덤이에요. 탁자 모양으로 생긴 북방식_{탁자식}과 바둑판 모양이나 굄돌이 없는 남방식_{바둑판식}이 있어요. 무덤 속에는 사람 뼈뿐만 아니라 토기나 석기, 청동기 등의 다양한 유물을 넣기도 하므로, 고인돌은 그 시대 사람들의 삶과 사회상을 엿볼 수 있는 매우 중요한 유적이에요.

고인돌은 전 세계에서 발견되지만, 특히 중국과 일본, 우리나라 등 동북아시아 지역에서 많이 발견됩니다. 한반도에 40퍼센트 이상이 퍼져 있다고 해요. 우리나라의 고인돌은 제주도를 포함해 전국에 분포하나 전라남도 화순과 전라북도 고창 그리고 강화도에 집중되어 있어요. 이 세 지역의 고인돌은 세계 어느 곳에서도 찾아볼 수 없을 만큼 규모가 크고, 숫자가 많으며, 형식도 다양해요. 그래서 선사 시대*를 연구하는 데 좋은 자료가 되지요.

고창·화순·강화 고인돌 유적은 2000년 12월 유네스코 세계 문화유산으로 등록되었어요.

강화도에 남아 있는 고인돌이에요. 지금까지 남한에서는 약 3만여 기, 북한에서 약 1만 기에서 1만 5천 기에 가까운 고인돌이 발견되었어요.

■ **청동기 시대** ○ 185쪽
■ **선사 시대** ○ 99쪽

골품제 骨品制

신라의 신분 제도

신라 시대에 혈통에 따라 나눈 엄격한 신분 제도예요. 신라 사람들의 생활 모습을 결정짓고, 신라 사회를 움직인 가장 중요한 제도였어요.

골품제는 태어나면서부터 사람을 여러 신분으로 나누었어요. 왕족은 성골 부모 모두 왕실 혈통 과 진골 부모 중 한쪽만 왕실 혈통 로 나누었고, 귀족은 6두품에서 1두품까지 여섯 등급을 매겼지요. 두품은 6두품이 가장 높고, 숫자가 작아질수록 신분이 낮아졌어요. 이런 골품제는 뒤에 성골이 없어지고 3~1두품이 평민과 같아지면서 진골, 6두품, 5두품, 4두품, 평민의 다섯 신분으로 구분했어요.

골품이 결정되면 그 신분이 대대로 이어졌고, 아무리 능력이 뛰어나도 신분이 낮으면 높은 벼슬을 할 수 없었어요. 또한 신분에 따라 옷의 색깔과 신발, 장신구, 집의 크기와 기와의 종류까지 차별을 받았지요.

골품제의 이런 차별과 한계는 시간이 갈수록 많은 사람들의 불만을 샀어요. 특히 귀족이지만 높은 관직에 오를 수도 없고 나라의 중요한 결정에 참여할 수도 없었던 6두품의 불만이 매우 높았지요. 그런 데다 왕실과 귀족들은 왕권 다툼에만 정신을 쏟느라 백성들의 생활을 살피지 못했어요. 이처럼 골품제에 대한 불만이 계속 늘어나고, 지방의 호족"들이 새로운 세력으로 등장하면서 신라는 서서히 멸망의 길로 들어섰습니다.

■ 호족 ◑ 210쪽

공민왕 恭愍王

1330~1374년(재위 1351~1374년) · 고려 31대 왕

충숙왕의 둘째 아들이며, 열두 살 때 원나라에 볼모로 가서 10년 동안 머물렀어요. 원나라 위왕의 딸인 노국 대장 공주와 결혼한 뒤, 1351년에 고려로 돌아와 왕이 되었지요.

공민왕은 원나라와 명나라가 교체되는 틈을 타 원나라에 반대하는 정책을 적극적으로 펼쳤어요. 기철을 비롯해 원나라와 친한 세력을 쫓아내고, 변발과 호복 같은 몽골식 생활 풍습을 금지했으며, 고려 정치에 간섭하던 원나라 기관인 정동행성을 없앴어요. 또한 쌍성총관부를 공격해서 원나라가 차지하고 있던 화주 일대의 땅을 되찾고 여러 제도를 고쳤어요. 또 귀족들이 강제로 차지한 땅은 원래의 주인에게 돌려주고, 억울하게 노비가 된 평민들은 해방시켜 주는 관청인 전민변정도감을 설치하기도 했지요.

그러던 중 노국 대장 공주가 죽자, 공민왕은 슬픔에 빠져 나랏일을 승려인 신돈에게 맡겼어요. 그러나 신돈의 세력이 지나치게 커지자 두려움을 느낀 공민왕은 신돈을 죽였어요. 이후 홍건적과 왜구가 계속 쳐들어와 나라 안과 밖이 모두 어수선한 가운데, 불만을 품은 신하들에게 죽음을 당하고 말았어요.

과전법 科田法

고려 말부터 조선 초기에 시행된 토지 제도

1391년 고려 공양왕 때 시작해서 조선 세종 전까지 실시한 토지 제도예요. 고려 말에 권문세족"들은 권력을 휘어잡고 온갖 나쁜 일을 저질렀어요. 권력을 이용해 국가의 많은 땅을 마음대로 차지하고는 세금도 내지 않았지요. 그러자 국가 재정은 바닥이 났고, 농민들의 생활은 몹시 어려워졌어요.

이때 위화도 회군"으로 권력을 잡은 이성계"와 정도전" 등이 고려 말의 어지러운 토지 제도를 바로잡기 위해 토지 개혁을 시행했어요. 권문세족이 불법으로 차지한 토지를 모두 빼앗고, 관리들에게 등급에 따라 경기도 땅을 나누어 주는 과전법을 실시한 거예요.

과전법은 조선 시대에 이르러 국가의 기본적인 토지 제도가 되었어요. 관리들은 18과로 나누어 과전科田을 받았으며, 과전은 원칙적으로 자손에게 물려줄 수 없었어요. 그리고 관리에게는 그 토지에서 나오는 세금을 거두는 권리인 수조권만 주었을 뿐, 토지 소유권은 국가에 있었어요. 하지만 고아에게는 휼양전, 과부에게는 수신전이라는 이름으로 과전을 물려받게 했어요.

이러한 과전법을 통해 신진 사대부" 세력은 경제적 기반을 마련했으며, 조선을 건국하는 기반을 마련할 수 있었습니다.

■ 권문세족 ● 29쪽   ■ 위화도 회군 ● 140쪽   ■ 이성계 ● 151쪽   ■ 정도전 ● 165쪽   ■ 신진 사대부 ● 112쪽

광개토 대왕 廣開土大王

374~412년(재위 391~412년) · 고구려의 19대 왕

이름은 담덕이며, 391년 열여덟 살의 어린 나이에 왕위에 올랐어요. 왕위에 오른 뒤에는 우리나라에서 처음으로 '영락'이라는 연호를 사용했어요. 연호는 연도 앞에 붙이는 이름이에요. 그리고 큰아버지인 소수림왕이 이루어 놓은 안정된 정치를 바탕으로 고구려의 영토를 크게 넓히기 시작했어요.

먼저 백제를 공격해서 여러 성과 마을을 차지하고, 백제 왕의 항복을 받아 냈어요. 또 400년에는 가야와 가까이 지내던 왜구가 신라를 공격하자, 내물왕의 요청을 받고 군사를 보내 왜구와 금관가야를 정복했어요.

402년에는 연나라의 공격을 물리치고 요동 지역의 땅을 차지해 만주 지방의 주인이 되었어요.

또한 광개토 대왕은 나라를 안정시키는 데도 힘을 쏟았어요. 많은 절을 세워 백성들이 불교를 믿으며 한마음이 되도록 했으며, 중국과의 관계도 좋게 이끌어 나갔어요.

남북으로 영토를 크게 넓혀 만주와 한강 이북을 차지하는 등 고구려의 전성시대를 이룩했던 광개토 대왕은 아쉽게도 서른아홉 살의 젊은 나이로 세상을 떠났어요. 뒤이어 왕위에 오른 장수왕▪은 414년에 광개토 대왕릉비를 세워 아버지의 업적을 기렸어요. '광개토'는 영토를 크게 넓혔다는 의미로 얻은 이름입니다.

▪ 장수왕 o 162쪽

광개토 대왕릉비는 중국 지린성 지안에 있어요. 높이가 6미터가 넘는 거대한 비석이랍니다. 사진은 독립기념관에 재현해 놓은 것이에요.

구석기 시대 舊石器時代
돌을 깨서 도구를 만들어 쓰던 시기

약 70만 년 전에서 1만 년 전에 이르는 시기로, 이때부터 한반도와 주변 지역에 사람들이 살기 시작했어요. 이때 사람들은 돌을 깨뜨리거나 떼어 만든 뗀석기를 사용했고, 동물을 사냥하거나 나무 열매 등을 채집해서 먹고살았어요. 또한 먹을 것을 찾아 옮겨 다녔고, 추위와 동물의 위협을 피해 동굴이나 바위 아래 모여 살았어요. 불을 이용해서 음식을 익혀 먹고, 몸을 따뜻하게 하기도 했지요.

구석기 시대에는 나뭇잎이나 풀을 엮어 옷으로 만들거나, 사냥한 짐승의 가죽을 손질해서 입었어요.

구석기 시대 사람들이 살았던 흔적은 평안남도 상원 검은모루 동굴, 경기도 연천 전곡리, 함경북도 웅기 굴포리, 충청남도 공주 석장리 등이 있어요. 이들 유적지에서 석기와 함께 사람과 동물의 뼈 화석, 동물 뼈로 만든 도구 등이 발견되어 구석기 시대의 생활 모습이 밝혀졌어요.

국자감 國子監

992년 · 고려 시대에 유학을 가르치던 최고의 국립 교육 기관

고려 시대에 국가에서 필요한 인재를 기르기 위해 만든 교육 기관이에요. 고려의 교육 기관으로는 경학京學이 있었는데, 성종이 모든 제도를 정비하면서 992년에 국자감으로 고쳐 세운 거예요.

국자감에서는 국자학, 태학, 사문학, 율학법률, 서학서예, 산학산술 등을 가르쳤어요. 유교의 경전과 문학을 배우는 국자학, 태학, 사문학의 3개 학부에는 문관과 무관 7품 이상의 자식들이 입학할 수 있었어요. 그리고 율학, 서학, 산학 등 잡학부전문 기술 학부에는 계급이 낮은 관리의 아들들이 들어갔지요.

이후 국자감은 국학, 성균감 등으로 이름이 여러 번 바뀌었다가, 1362년에 성균관*으로 고쳐 조선 시대까지 이어졌어요.

■ 성균관 ○ 100쪽

국채 보상 운동 國債報償運動

1907년 · 일본에 진 빚을 갚기 위해 국민들이 벌인 모금 운동

개항 이후 일본은 우리나라를 근대화시킨다는 구실로 수도, 병원, 도로, 학교 등을 세웠어요. 그리고 우리나라를 경제적으로 지배하려는 목적으로 그 비용을 빌려 주는 정책을 썼어요. 그래서 대한 제국 정부가 일본에 큰돈을 빚지게 되었어요.

이에 1907년 대구에서 김광제와 서상돈을 중심으로 나랏빚인 국채를 갚아 주권을 지키자는 운동이 일어났어요. 이후 국채 보상 기성회를 만들고 〈대한매일신보〉, 〈제국신문〉, 〈황성신문〉▪, 〈만세보〉 등의 적극적인 지원을 받아 전국으로 퍼져 나갔지요. 여자들은 비녀와 반지까지 내놓았고, 남자들은 술과 담배를 끊어 모금에 참여했어요.

그러나 일제 통감부의 압력과 친일 정치 단체인 일진회의 방해로 이 애국 운동은 결국 실패하고 말았습니다.

▪황성신문 ○ 216쪽

군국기무처 軍國機務處
1894년 · 갑오개혁을 추진하기 위해 설치한 기관

1894년 갑오개혁[*]을 추진하기 위해 일본의 강요로 새롭게 만든 기관이에요. 갑오개혁의 중심 역할을 한 기관으로, 정치 · 군사에 관한 모든 일을 맡아보았어요. 이 기관은 정치, 경제, 사회 등 국가의 주요 정책에 대한 개혁안을 검토하고 결정했어요. 나라의 많은 일은 이곳의 검토를 거쳐야 했기 때문에 왕이나 정부의 대신들보다 더 큰 힘을 가졌어요. 없어질 때까지 많은 개혁안을 통과시켰다고 합니다.

■갑오개혁 **○**14쪽

권문세족 權門勢族
고려 후기에 지배 세력으로 등장한 가문

벼슬이 높고 권력과 세력이 있는 집안이라는 뜻이에요. 원나라가 고려의 정치를 간섭하던 시기에 원나라의 힘을 믿고 권세를 누린 가문 등이 대표적이에요. 권문세족은 고려 후기의 새로운 지배 세력이었어요. 이들은 백성들의 토지를 강제로 빼앗아 넓은 땅을 차지하고, 가난한 백성들을 노비로 만들어 농사를 짓도록 했어요. 많은 토지와 노비를 가졌으면서도 권력을 앞세워 국가에 세금도 내지 않았어요. 그러자 국가의 재정 수입은 점점 줄어 갔고, 군대에 갈 수 있는 백성의 수도 줄어들면서 고려의 통치 조직은 점차 무너져 갔습니다.

규장각 奎章閣

1776년 · 조선 시대에 정조가 설치한 왕실 도서관

정조*가 왕위에 오르던 해인 1776년에 세워진 왕실 도서관이에요. 규장奎章은 임금이 쓴 글이나 글씨라는 뜻으로, 원래 규장각은 역대 임금이 지었던 글과 글씨, 그림 등을 보관하던 곳이었어요. 정조는 이런 규장각을 학문과 정책을 연구하는 곳으로 변화시켰어요. 그동안 펴냈던 책들을 찾아 모으고 연구하는 학문의 중심 기관이면서 정조의 개혁 정책을 뒷받침하는 역할도 하게 했지요.

규장각은 창덕궁과 창경궁의 경계 지역에 있어요. 1층은 왕실의 도서를 보관하는 규장각이고 2층은 열람실이에요.

정조는 규장각에 힘을 실어 주기 위해 당파나 신분에 관계없이 젊고 능력 있는 인재들을 뽑아 썼어요. 채제공, 정약용* 등 그 시대에 이름을 떨치던 학자들과 유득공, 박제가, 이덕무 등 서자라는 이유로 벼슬길이 막혔던 사람들이 모두 규장각에서 정조와 함께 개혁 정책의 방향을 연구해 나갔지요.

또한 아무리 관직이 높은 신하라도 규장각에 함부로 들어올 수 없게 해, 규장각 신하들이 학문에만 온 힘을 쏟을 수 있도록 배려했어요.

이렇게 해서 규장각은 정조의 개혁 정치와 조선 후기 학문과 예술을 크게 불러일으키는 중심 역할을 했습니다.

■ 정조 ○ 169쪽   ■ 정약용 ○ 168쪽

균역법 均役法

1750년 · 조선 영조 때 백성의 부담을 덜기 위해 만든 세법

조선 영조* 때인 1750년에 백성의 세금 부담을 줄이기 위해 만든 제도예요. 균역법은 군역을 고르게 하는 법이라는 뜻인데, 군역이란 군대에 가는 것을 뜻해요.

조선 초기에 16세 이상 60세 이하의 모든 남자는 신분에 관계없이 군역의 의무를 져야 했어요. 그런데 조선 후기 들어 직업 군인이 많아지자, 군대에 가는 대신 1년에 2필의 군포 베로 된 옷감를 내도록 했지요. 하지만 양반들은 온갖 핑계를 대면서 내지 않고, 그 군포를 농민이 부담하게 했어요. 또 군포를 받는 관리들은 군대에 갈 의무가 없는 어린아이나 죽은 사람의 몫까지 거두어들이고, 도망간 사람의 군포는 이웃이나 친척에게 대신 내라고 했어요. 이처럼 농민들의 부담이 커지자 곳곳에서 폭동이 일어났어요. 이에 따라 영조가 군포를 1필만 내도록 해서 백성의 부담을 덜어 준 제도가 균역법이에요. 균역법으로 국가의 수입이 줄어들었는데, 부족한 세금액은 다른 세금으로 보충했어요. 그런데 이것이 오히려 농민에게 새로운 부담이 되면서, 균역법을 실시한 맨 처음의 목적은 이루지 못했습니다.

아아, 백성들의 불안이 많습니다.

그럼 군포를 1필만 받도록 해라.

■영조 **○** 129쪽

31

근초고왕 近肖古王

?~375년(재위 346~375년) · 백제의 전성기를 이끈 13대 왕

비류왕의 둘째 아들로, 4세기 중반에 백제를 크게 발전시킨 왕이에요. 369년 무렵 남쪽으로 마한을 정복해 영토를 남해안까지 넓히고, 가야로도 세력을 뻗어 나갔어요. 371년에는 북쪽으로 고구려를 공격해 고국원왕을 죽이기도 했어요. 이를 통해 백제는 지금의 경기도, 충청도, 전라도와 강원도·황해도의 일부를 차지하는 강력한 고대 국가의 기반을 마련했어요. 또한 중국의 동진과 가야, 왜와 외교 관계를 맺고 중국의 요서 지방과 산둥 지방, 일본의 규슈 지방에까지 세력을 넓혀 강력한 해상 왕국을 세웠지요.

중국의 문화를 받아들이기도 하고, 아직기와 왕인 등을 일본에 보내 백제의 학문과 문화를 전하기도 했어요. 또 박사 고흥에게 백제의 역사책인《서기》를 쓰게 했는데, 아쉽게도 이 책은 지금 남아 있지 않아요.

근초고왕은 영토를 넓히는 데만 머물지 않고, 정치·문화 등 많은 분야에서 활발한 활동을 펼쳐 백제의 전성기를 꽃피웠어요.

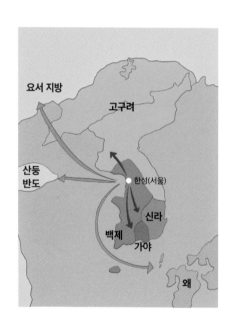

근초고왕은 북쪽으로 고구려를 공격해 황해도 일부를 차지했고, 남쪽으로는 마한 세력을 정복하여 영토를 남해안까지 넓혔어요. 바다 건너 중국과 왜와도 활발하게 교류했답니다.

금동 미륵보살 반가 사유상
金銅彌勒菩薩半跏思惟像
삼국 시대에 금동으로 만든 보살상

금동 미륵보살 반가 사유상은 '반가부좌를 하고 생각에 잠겨 있는, 금동으로 만든 미륵보살'이라는 뜻이에요. '금동'은 재료를 가리키고, '미륵보살'은 불교의 보살 이름이며, '반가 사유상'은 자세의 특징을 나타내는 말이에요. '금동'은 금박을 입힌 구리이며, '미륵보살'은 먼 미래에 이 세상에 내려와 모든 악을 없애고 깨달음을 얻지 못한 사람들을 구해 준다는 미래의 부처님이에요. 그리고 '반가 사유상'이란 의자에 앉아 오른발을 왼쪽 다리 위에 올려놓고, 오른쪽 팔꿈치를 무릎 위에 올린 채 손가락을 뺨에 대고 생각하는 사람의 모습이에요.

국보 78호 금동 미륵보살 반가 사유상이에요. 재질이나 만든 기법이 특이하고 전체적으로 완성도가 뛰어나 6세기 중엽이나 그 직후의 작품으로 여겨집니다.

불상은 우리나라에 불교가 들어온 삼국 시대에 가장 많이 만들어졌어요. 국보 78호와 83호 금동 미륵보살 반가 사유상도 삼국 시대의 것으로 짐작되며, 그 시대의 불상 중에서도 가장 으뜸 되는 것이라고 할 수 있어요. 일본 교토에 있는 고류지라는 절에 우리나라 국보 83호와 너무나 닮은 목조 미륵보살 반가 사유상이 있어요. 재료만 다를 뿐인 이 불상으로 보아 삼국과 일본이 활발하게 문화 교류를 했다는 사실을 알 수 있습니다.

금속 활자 金屬活字
납이나 구리로 만든 활자

금속 활자는 놋쇠, 납, 무쇠 등을 녹여 부어 만든 활자예요. 우리나라에서는 고려 고종 때부터 사용되었어요. 1234년에《상정고금예문》을 활자로 찍어 냈다는 기록이 있어요. 오늘날에 전해지지는 않지만, 우리나라 최초의 활자본으로 여겨지지요. 이것으로 우리나라가 세계 최초로 금속 활자를 만들고, 그것을 이용해 책을 인쇄했다는 사실을 알 수 있어요. 독일의 구텐베르크가 1450년에 발명한 것보다 훨씬 앞선 것이지요.

전 세계에 남아 있는 금속 활자로 인쇄된 책 중에서 가장 오래된 것은 《직지심체요절》*이에요. 줄여서《직지심경》이라고도 해요. 2001년 유네스코 세계 기록 유산에 등록되었어요.

금속 활자는 글씨를 바탕으로 여러 과학과 기술을 모두 포함해서 만들어 낸 종합 예술품이에요. 우리 민족의 우수성을 보여 주는 전통 문화유산 가운데 하나라고 할 수 있습니다.

■ **직지심체요절** ○176쪽

《직지심체요절》은 1372년에 펴낸 것으로, 상·하권으로 이루어져 있어요. 지금은 하권만 남아 있는데, 현재 프랑스 국립 도서관에 있어요.

김구 金九

1876~1949년 · 독립운동가, 정치가

황해도 해주에서 가난한 집안의 외아들로 태어났으며, 호는 백범이에요. 1893년에 동학˙ 신자가 되어 동학 농민 운동˙을 지휘하다 일본군에 쫓겨 만주로 몸을 피했어요. 그 뒤 의병이 되어 활동했어요. 1895년에 명성 황후를 죽인 을미사변˙이 일어나자 귀국하던 중 일본군 중위를 죽이고 감옥에 갇혔다가 탈옥했어요.

1919년 3·1 운동 후에는 중국 상하이로 망명해 대한민국 임시 정부˙에 참여하고, 1932년에는 한국인 애국단을 만들어 이봉창·윤봉길 등의 의거를 이끌었지요. 그 뒤 1940년 대한민국 임시 정부의 주석이 된 이후, 한국광복군˙을 조직하는 등 독립운동을 펼쳤어요.

1945년 광복이 되자 귀국해서는 신탁 통치˙와 남한만의 단독 선거를 실시하려는 국제 연합의 결정에 반대하고 남북 통일 정부를 세우기 위해 북한으로 들어가 정치 회담을 열었지만 실패했어요. 그 뒤 1949년 안두희가 쏜 총에 맞아 목숨을 잃었어요. 저서로 1997년 보물 1245호로 정해진 자서전《백범일지》가 있습니다.

■ 동학 ○ 52쪽　■ 동학 농민 운동 ○ 53쪽　■ 을미사변 ○ 147쪽　■ 대한민국 임시 정부 ○ 44쪽
■ 한국광복군 ○ 205쪽　■ 신탁 통치 반대 운동 ○ 114쪽

김춘추 金春秋

602~661년(재위 654~661년) · 삼국 통일의 기초를 마련한 신라의 왕

신라의 29대 임금 태종 무열왕의 이름이에요. 진지왕의 손자이자 선덕 여왕의 조카이며, 삼국 통일을 이룬 문무왕의 아버지예요. 부인은 김유신의 동생이지요.

선덕 여왕 때인 642년 백제가 쳐들어와 나라가 어려움에 빠지자, 고구려로 가서 연개소문을 만났어요. 고구려와 힘을 합해 백제를 치려고 연개소문에게 도움을 요청했지만, 오히려 붙잡혔다가 돌아왔어요. 외교술이 뛰어나 그 뒤 당나라에 여러 차례 오가면서 나·당 연합*을 이루어 내 삼국 통일의 기초를 닦았어요.

654년, 진덕 여왕이 죽자 사람들의 추천을 받아 왕위에 올랐어요. 성골 출신만이 왕위에 오를 수 있었던 전통을 깨고 진골 출신으로는 처음으로 왕이 된 거예요. 왕이 된 뒤에는 율령이라는 법률 제도를 만들고 군사 조직을 튼튼히 해서 왕의 권력을 강화했어요. 또한 당나라와 가까이 지내면서 활발한 외교 활동을 펼쳐 나·당 연합군을 조직했어요. 그리고 왕자 법민문무왕과 김유신 등을 앞세워 백제를 멸망시키면서 신라가 삼국을 통일할 수 있는 기반을 마련했어요. 그러나 삼국 통일을 보지 못한 채 죽고 말았어요.

■ 나·당 연합 ● 38쪽

나·당 연합 羅唐聯合

신라와 당나라가 맺은 동맹

642년에 백제의 공격을 받은 신라는 커다란 위기를 맞이했어요. 그래서 김춘추*를 고구려로 보내 도움을 요청했지만, 고구려는 오히려 한강 유역의 땅을 돌려 달라며 김춘추까지 잡아 두려 했어요. 그 바람에 신라와 고구려의 관계는 더욱 멀어졌고, 고구려는 백제와 동맹을 맺고 신라를 공격했어요. 이 무렵 당나라 태종은 여러 차례 고구려를 침략했지만 번번이 실패해 고구려를 억누르고 싶어 했어요. 마침 신라가 도움을 요청하자 당나라가 돕겠다고 약속하면서 두 나라는 동맹을 맺었지요.

38

이후 나·당 연합군은 660년에 백제를 멸망시킨 뒤, 668년에는 고구려를 공격해서 무너뜨렸어요. 백제와 고구려가 망하자 당나라는 대동강 이남의 땅을 신라에게 준다는 약속을 어기고 신라까지 지배하려고 했어요. 그러자 신라의 문무왕이 한반도에서 당나라 군대를 몰아내기 위해 전쟁을 벌이며 나·당 연합은 깨졌어요. 당나라 군대는 675년 매소성 지금의 경기도 연천 전투, 676년 기벌포 충청남도 서천 전투에서 신라에게 크게 패하면서 완전히 물러갔어요.

■ **김춘추 ○** 36쪽

노비안검법 奴婢按檢法

956년 · 본래 노비가 아니었던 자들을 노비 신분에서 해방시킨 법

고려 광종이 956년에 본디 양민이었던 노비를 해방시켜 주기 위해 만든 법이에요. 고려 초에 호족*들은 여러 방법으로 토지와 노비를 늘려 경제 · 군사적 기반을 다지고, 큰 세력을 이루어 왕권을 위협했어요. 그러자 광종은 왕권을 강화하기 위해, 고려의 통일 전쟁 때 포로로 잡혀 노비가 된 사람들과 호족들이 강제로 노비로 만든 사람들을 이전의 상태로 돌아가게 해 주었어요.

이는 호족들의 가장 큰 재산인 노비를 빼앗아 그들의 경제·군사적 기반을 뒤흔들어서 힘을 약하게 만들려는 정책이었어요. 또한 노비에서 농민이 된 사람들은 국가에 세금을 내야 했으므로 국가의 수입을 늘리는 방법이기도 했지요.

광종은 노비안검법을 통해 호족들의 세력을 약화시키고, 국가 재정을 튼튼히 하면서 왕권을 강화할 수 있었습니다.

■호족 ⊙ 210쪽

ㄷ

대동법 大同法

1608년 · 세금을 쌀로 통일해서 내게 한 조세 제도

조선 중기와 후기에 나라에 바치는 특산물을 쌀로 통일해서 바치게 한 세금 제도예요. 조선 전기에는 각 지방에서 나는 특산물을 바치는 공납 제도가 있었는데, 그 종류가 많고 실어 보내기도 어려워 백성들의 부담이 매우 컸어요. 그래서 광해군이 즉위한 1608년에 먼저 경기도에서 특산물 대신 토지 1결당 일정한 양의 쌀대동미을 내도록 하는 대동법을 실시했어요. 이 조치로 땅을 많이 가진 양반 지주의 부담이 느는 대신, 백성의 부담은 줄어들었지요. 그러나 양반들의 반대가 심해, 100년쯤 지나 숙종 때인 1708년에야 전국적으로 시행되었어요. 또 산간 지방에서는 쌀 대신 돈이나 베, 무명 같은 옷감 등을 걷기도 했어요.

대동법을 실시한 것은 농민의 부담을 줄이고, 세금을 지방 관리나 상인들이 중간에서 가로채지 못하게 함으로써 국가의 수입을 확보하기 위해서였어요. 그러나 실제로 농민의 부담을 줄이는 데는 별로 도움이 되지 못했어요.

대한 제국 大韓帝國

1897년 고종이 새로 정한 우리나라의 이름

을미사변*이 일어난 뒤 친러 세력에 의해 러시아 공사관에 머물던 고종이 경운궁 덕수궁으로 돌아온 뒤에 정한 나라 이름이에요. 독립 협회*를 중심으로 자주독립을 바라는 여론이 높아지자 고종은 황제 즉위식을 올리고 나라 이름을 대한 제국으로 정한 다음, 연호를 광무로 고쳐 자주 국가임을 선언했어요. 우리나라가 근대적인 자주독립 국가로 출발했음을 세계에 알린 것이지요.

대한 제국은 여러 개혁을 펼쳐 나갔어요. 상공업을 발전시키기 위해 공장과 회사를 세우고, 전기·전차·전화 사업과 철도를 놓는 일에 적극적으로 나섰어요. 또 의학교, 외국어 학교, 상공 학교 등을 세워 기술 교육에도 힘썼어요. 군사 제도를 새롭게 고치고, 병원을 세웠으며, 서양 옷을 입는 등 근대 문물도 적극적으로 받아들였지요. 그러나 고종이 황제의 권한을 줄이는 개혁에 반대하며 옛날로 돌아가려는 모습을 보이면서 개혁도 지지부진해지고 말았어요.

이런 가운데 1904년에 일어난 러·일 전쟁*에서 승리한 일본이 이후 대한 제국의 주권을 하나씩 빼앗아 갔어요. 결국 1910년에 강제로 한·일 병합 조약*을 맺고 일제의 지배를 받게 되면서, 대한 제국은 멸망하고 말았어요.

■ 을미사변 ○ 147쪽　　■ 독립 협회 ○ 46쪽　　■ 러·일 전쟁 ○ 56쪽　　■ 한·일 병합 조약 ○ 204쪽

대한민국 임시 정부 大韓民國臨時政府

1919년 · 중국 상하이에서 임시로 만든 정부

1919년 4월에 중국 상하이에서 대한민국의 광복을 위해 임시로 만든 정부예요. 이승만", 김구" 등을 중심으로 국내와 해외에 있던 여러 임시 정부를 하나로 합쳐서 세웠어요. 3·1 운동" 이후 독립운동을 하는 사람들에 대한 일본의 감시와 탄압이 더욱 심해져 국내에서는 독립운동을 하기가 어려웠어요. 그래서 독립운동을 좀 더 조직적이고 효과적으로 하기 위해 임시 정부를 세운 것이지요.

민주주의 원칙에 따라 세워진 임시 정부는 이후 독립운동의 중심 구실을 했어요. 대한민국 임시 정부는 국내와 연결되는 비밀 연락망인 연통제를 조직해 국내의 동포들에게 독립운동 소식을 전했어요. 또 〈독립신문〉을 펴내서 임시 정부의 소식을 알리고, 독립운동의 방향을 잡아 나가기도 했어요. 1919년 열린 파리 강화 회의에는 김규식을 민족 대표로 보내 우리나라의 독립을 주장하고 호소했지요. 파리 강화 회의는 제1차 세계 대전이 끝난 뒤, 전쟁에 대한 책임과 유럽 여러 나라의 영토 조정, 평화를 유지하기 위한 조치 등을 협의하기 위해 승전국들이 파리에서 열었던 국제회의였어요.

1940년에는 한국광복군"을 만들어, 1941년 태평양 전쟁이 일어나자 일본과 독일에 선전 포고를 하고 연합군과 함께 전쟁을 벌였어요. 그리고 1945년 미군과 함께 국내로 들어오려는 계획을 세우다가 8·15 광복"을 맞았지요. 그런데 광복 후에 우리나라에 들어와 있던 미군은 임시 정부를 인정하지 않았어요. 그래서 임시 정부는 우리나라를 대표하는 유일

1919년 10월 11일에 찍은 대한민국 임시정부 국무원 기념사진이에요. 뒷줄 왼쪽부터 시계 방향으로 김철, 윤현진, 최창식, 이춘숙, 현순, 안창호, 신익희예요.

한 합법 정부라는 지위를 이어 나가지 못했어요. 하지만 대한민국 헌법에
는 대한민국 임시 정부를 계승한 정부임을 밝히면서, 임시 정부의 정신을
이었음을 밝히고 있습니다.

■ 이승만 ❍ 152쪽   ■ 김구 ❍ 35쪽   ■ 3·1 운동 ❍ 94쪽   ■ 한국광복군 ❍ 205쪽   ■ 8·15 광복 ❍ 201쪽

독립 협회 獨立協會

1896년 · 우리나라 최초의 근대적인 정치 단체

1896년 7월에 서재필, 이상재, 윤치호, 남궁억 등이 중심이 되어 만든 독립운동 단체예요. 이들은 주로 개화파" 지식인들로, 일제와 서양 강대국들의 침략에 맞서 국민의 애국심과 자주정신을 일깨우려고 노력했어요. 국민을 일깨워 정치에 참여하게 함으로써 자주독립을 지키고, 자유권·평등권 등 국민의 권리를 세우며, 개혁을 통해 나라를 부강하게 만들려고 했지요. 독립 협회는 누구나 회원이 될 수 있었어요.

독립 협회에서 발행한 〈독립신문〉
초판이에요. 최초의 한글 신문이에요.

독립 협회는 최초의 한글 신문인 〈독립신문〉을 펴내고, 국민의 성금을 모아 독립문을 세웠어요. 1897년에는 러시아 공사관에 머물던 고종을 경운궁으로 돌아오게 만들어 대한 제국"을 수립하게 하기도 했지요. 또한 토론회와 연설회를 자주 열어 국민들에게 자주독립 의식을 불어넣었어요. 1898년에는 우리나라 최초의 대중 토론회라고 할 수 있는 만민 공동회"를 열어 어지러운 정치를 바로잡고자 했지요.

이처럼 독립 협회의 세력이 날이 갈수록 커지자 일제와 가깝던 보수적인 내각은 간부들을 체포하는 등 탄압에 나섰어요. 결국 독립 협회는 사회를 혼란스럽게 한다는 이유로 1898년에 강제로 해산되었습니다.

■개화파 ○16쪽　　■대한 제국 ○43쪽　　■만민 공동회 ○58쪽

독서삼품과 讀書三品科

788년 · 독서 능력에 따라 관리를 뽑던 제도

788년, 신라 원성왕 때 만든 관리를 뽑는 제도예요. 독서출신과라고도 해요.

신라는 통일을 한 뒤에 능력 있는 관리를 기르려고 귀족의 자제들을 가르치는 교육 기관인 국학을 세웠어요. 독서삼품과는 국학 졸업생들이 보는 졸업 시험이라고 할 수 있어요.

국학에서는 《논어》, 《효경》, 《예기》 등 유교 경전을 가르쳤는데, 유교 경전을 이해하는 수준에 따라 인재를 상·중·하 삼품으로 나누어 관리로 뽑았어요. 이는 골품˚ 위주로 관리를 뽑지 않고 실력에 따라 인재를 뽑음으로써 소수의 진골 귀족들이 관직을 독점하는 것을 막고 왕권을 강화하기 위한 것이었어요. 그 결과 유학이 크게 발달하고, 유학을 잘 아는 6두품 출신들이 많은 혜택을 누렸어요. 그러자 신분에 의해 관직에 나갔던 진골 귀족들의 불만이 매우 커졌어요. 결국 진골 귀족들의 반대로 독서삼품과는 실패했지만, 신라 사회의 학문이 발전하는 데 큰 도움이 되었어요.

■ 골품제 ○ 21쪽

돌무지덧널무덤 積石木槨墳 적석 목곽분

신라의 대표적인 무덤

신라의 무덤 양식이에요. 땅속에 구덩이를 파거나 땅 위에 나무 관널과 부장품 무덤 안에 시체와 함께 넣는 물건 상자를 넣고, 그 바깥에 나무로 짠 덧널 목곽을 만들어요. 그런 다음 그 위에 돌덩이를 쌓고, 다시 그 위에 흙을 덮어 다진 무덤이에요. 이런 무덤은 널방 나무 덧널 으로 들어가는 길이 없고, 한번 들어가면 다시 나올 수 없으므로 파헤치기가 어려워 유물이 거의 남아 있어요. 황남대총, 천마총, 금관총 등이 대표적인 돌무지 덧널무덤이에요. 이들 무덤에서는 금관, 금제 허리띠, 금귀고리 등 갖가지 유물이 함께 나왔어요.

한편 돌무지무덤 積石塚 적석총 도 있는데, 청동기 시대*부터 삼국 시대까지의 돌무덤이에요. 고구려에서 주로 만들었어요. 죽은 사람의 몸 위나 시체를 넣은 관 위에 흙을 덮지 않고 돌을 쌓아 만든 무덤이에요. 장군총, 태왕릉 같은 무덤이에요.

한 장 또는 여러 장의 평평한 돌판석로 관을 짜거나 쌓아서 만든 돌널무덤 石棺墓 석관묘 도 있어요. 상자식 돌널무덤이라고도 해요. 고인돌보다 앞선 시대에 나타나며, 주로 청동기 시대에 썼어요.

신라 지증왕의 능으로 추정되는 천마총은 대표적인 돌무지 덧널무덤이에요. 경상북도 경주시 황남동에 있어요.

■ 청동기 시대 ● 185쪽

동국여지승람 東國興地勝覽

1481년 · 조선 시대의 인문 지리책

　1481년에 성종의 명에 따라 노사신, 강희맹, 맹승지 등이 펴낸 지리책이에요. 우리나라 땅덩이 위에 있는 모든 지역을 구역별로 정리해 놓았어요. 모두 50권으로 만들어 각 도의 역사와 지리, 풍속, 인물, 시설 등을 자세히 기록했어요. 그리고 중종 때인 1530년에 모자란 내용을 보태서 《신증동국여지승람》을 완성했어요.

　조선은 초기부터 지리지에 관심을 갖고 여러 차례 책을 펴냈는데, 이러한 지리책들은 나라를 다스리는 기본 자료로 활용되었어요.

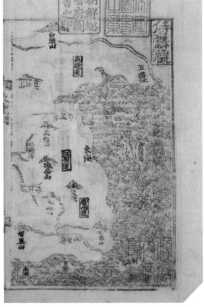

《신증동국여지승람》의 앞부분에 있는 팔도총도예요. 현재 남아있는 인쇄본 단독 지도로는 가장 오래된 것이에요.

동양 척식 주식회사 東洋拓殖株式會社

1908년 · 일본이 한국의 토지와 자원을 빼앗기 위해 세운 회사

1908년에 일본이 우리나라의 경제를 독차지하기 위해 세운 회사예요. '척식'이란 개척해서 사람이 살게 한다는 뜻이에요. 하지만 이 회사를 세운 진짜 목적은 우리나라의 토지와 자원을 억지로 빼앗으려는 것이었어요. 일본은 을사조약*을 맺은 뒤 한국의 산업을 키우고 개발한다는 구실로 서울에 본점을 둔 이 회사를 차렸어요. 이 회사는 토지를 사들이는 데힘을 기울여 많은 땅을 차지했지요. 그 땅은 농민들에게 빌려 주고 비싼 사용료소작료를 받으며 경제 수탈에 앞장섰어요. 수탈이란 강제로 빼앗는 것을 뜻하는데, 일제가 우리나라에서 벌인 경제 정책을 수탈 정책이라고 해요.

일제가 설립한 동양 척식 주식회사는 우리나라 농민 수탈에 앞장섰어요. 우리나라를 발판으로 하여 중국 대륙까지 진출할 욕심으로 세운 거예요.

이후 회사가 커지자 1917년부터 본점을 일본 도쿄로 옮기고, 우리나라뿐만 아니라 만주, 몽골, 중국, 필리핀 등으로 사업을 넓혀 나갔어요. 그러나 제2차 세계 대전에 지면서 문을 닫았어요.

■ 을사조약 ❶ 148쪽

동의보감 東醫寶鑑

1610년 · 우리나라 최고의 한의학 책

1610년 광해군 때 허준이 지은 의학 책이에요. 이 책은 조선의 14대 왕 선조의 명으로 만들기 시작했어요. 처음에는 왕을 치료하는 어의였던 양예수와 허준 등 여섯 명이 참여했어요. 그런데 임진왜란이 일어나 잠시 중단되었다가, 나라가 안정을 찾자 허준이 혼자 써서 완성했어요. 허준이 실제로 환자를 치료하면서 경험한 의학 정보에다, 중국과 우리나라의 여러 의학 책을 종합해서 만들었다고 해요. 의학 백과사전이라고 할 수 있지요.

《동의보감》은 병의 종류와 치료 방법을 다섯 가지로 구분해서 25권의 책에 담아 놓았어요. 각 병마다 증세와 처방을 풀이해서 정리했지요. 또한 병을 고치는 것보다 미리 예방하는 일이 더 중요함을 강조한 것이 큰 특징이에요. 중국과 일본에도 소개되었으며, 지금까지 우리나라 최고의 한의학 책으로 인정받고 있어요.

2009년 유네스코 세계 기록 유산으로 지정되었으며, 보물 1085호예요.

동학 東學

동학 東學

최제우가 내세운 민족 종교

조선 후기에 새로 일어난 종교로, 1860년에 최제우가 시작했어요.

19세기 중엽에 조선은 세도 정치와 관리들의 부패 그리고 외국의 간섭으로 사회가 매우 불안하고 혼란스러웠어요. 또한 백성들의 정신을 지탱해 주었던 유교와 불교도 쇠퇴해 종교로서 제구실을 하지 못했어요. 이 틈에 서양에서 새로 들어온 서학˚, 즉 천주교가 세력을 점점 넓혀 가고 있었지요.

이런 상황에서 최제우가 '어지러운 세상에서 백성을 구한다.'는 뜻을 품고 서학에 맞서는 새로운 종교인 동학을 만든 거예요. 동학은 전통적인 풍수 사상과 유교, 불교, 도교의 가르침을 바탕으로, '사람이 곧 하늘'이라는 인내천 人乃天 사상을 기본 사상으로 삼았어요. '인내천'에는 모든 사람이 평등하다고 여기는 평등사상이 담겨 있어요.

동학은 농촌을 중심으로 빠르게 퍼져 나갔어요. 그러자 나라에서는 '세상을 어지럽히고 백성을 속인다.'며 동학을 금지하고 1864년에는 교주인 최제우를 붙잡아 처형했어요.

2대 교주인 최시형은 동학을 체계적으로 정리하고 조직을 전국으로 넓혔어요. 그러나 1894년에 동학 농민 운동˚이 일어나, 최시형을 비롯한 많은 동학 교도들이 죽음을 당했어요. 그 뒤 3대 교주가 된 손병희는 1905년에 동학의 이름을 천도교로 바꾸고, 민족 종교로 발전시켰어요.

■서학 ○98쪽　■동학 농민 운동 ○53쪽

동학 농민 운동 東學農民運動

1894년 · 동학 교도와 농민들이 일으킨 대규모 농민 운동

1894년에 동학° 교도와 농민들이 힘을 합해 일으킨 농민 운동이에요. 갑오년1894년에 일어나서 갑오 농민 전쟁이라고도 해요.

동학 농민 운동은 1894년 1월 전라도 고부에서 일어난 고부 농민 봉기고부 민란를 계기로 시작되었어요. 고부 군수 조병갑은 온갖 구실을 붙여 농민들에게 죄를 씌우고 그 대가로 돈을 빼앗아 백성들을 고통에 빠뜨렸어요. 이런 조병갑의 횡포에 맞서기 위해 전봉준°을 중심으로 농민들이 들고일어난 거예요. 이들은 관아를 습격해 조병갑을 몰아내고, 창고에 쌓여 있던 곡식을 꺼내 농민들에게 나누어 주었어요. 그 뒤 동학 농민군은 황토현 전투에서 승리를 거두고 전주성을 차지했어요.

그러자 정부는 청나라에 도움을 청했고, 일본도 이

탐관오리들을 몰아내자!

에 질세라 더 많은 군대를 보냈어요. 이런 상황이 되자 동학 농민군은 두 나라가 끼어드는 것을 막기 위해 정부와 협약전주 화약을 맺고 전주성에서 물러 나왔어요. 이때 동학 농민군은 전라도 지역에 자치 개혁 기구인 집강소를 만들고, 잘못된 정책의 개혁을 요구하는 폐정 개혁안을 내놓았어요. 개혁안은 부패한 관리의 죄를 조사해서 벌줄 것, 노비 문서를 불태워 없앨 것, 불법으로 거두어들이는 세금을 없앨 것 등 12개 조항이었어요.

동학 농민군이 해산한 뒤 정부는 두 나라 군대의 철수를 요구했어요. 그러나 일본군이 서울로 진격해 경복궁을 침범하고 청·일 전쟁"을 일으키면서 정치에 간섭하자 동학 농민군이 다시 일어났어요. 동학 농민군은 일본과 치열한 전투를 벌였으나 근대식 장비로 무장한 일본군을 당할 수 없어 공주 우금치 전투에서 결국 패하고 말았어요. 그 뒤 전봉준과 지도부가 체포되면서 동학 농민 전쟁도 끝이 났지요.

동학 농민 운동은 비록 실패했지만 그들의 주장은 갑오개혁"에 반영되는 등 정치·사회적으로 많은 영향을 미쳤어요. 동학 농민군의 뜻은 이후 항일 의병 투쟁과 3·1 운동"으로 이어졌습니다.

러·일 전쟁 露日戰爭

1904년·한반도와 만주의 지배권을 둘러싸고 러시아와 일본이 벌인 전쟁

1904년에 러시아와 일본 사이에 일어난 전쟁이에요. 청·일 전쟁"에서 승리한 일본은 한국을 독차지하고 만주로 진출하려고 했어요. 그러자 러시아가 프랑스와 독일을 끌어들여 일본이 청·일 전쟁의 결과로 얻은 랴오둥 반도를 청나라에 돌려주게 한 삼국 간섭으로 이를 막았어요. 그리고 1900년 중국의 외세 배척 운동인 의화단 사건을 계기로 만주를 차지한 뒤 남하 정책을 추진했어요.

이에 일본은 1904년 2월 8일 뤼순 항에 있던 러시아 함대를 기습 공격했어요. 그리고 9일에는 인천 앞바다에서 러시아 함대를 공격해 침몰시킨 다음, 10일 선전 포고를 하고 전쟁을 시작했어요. 일본군은 1905년 1월 초에 뤼순 항을 함락시켰어요. 이에 러시아군은 발틱 함대를 파견했으나, 5월 27일 대한 해협에서 일본 해군에게 참패를 당하고 말았어요.

더욱이 러시아에서는 혁명이 일어나, 러시아는 더 이상 전쟁을 지속할 수 없는 형편이었어요. 이에 1905년 미국 루스벨트 대통령이 권하는 조건을 받아들여 미국 포츠머스에서 강화 조약인 포츠머스 조약을 맺어요.

러·일 전쟁에서 승리한 일본은 1905년 을사조약"을 강요해 우리나라를 보호국으로 만들었으며, 랴오둥 반도와 한반도의 지배권을 확보했어요.

너희가 먼저 싸움을 걸었잖아.

무슨 소리?

■ 청·일 전쟁 ❍ 187쪽
■ 을사조약 ❍ 148쪽

ㅁ

만민 공동회 萬民共同會

1898년 · 우리나라 최초의 민중 집회

1898년에 독립 협회* 주최로 서울 종로에서 열린 민중 집회예요. 러시아를 비롯해 다른 여러 나라가 철도 부설권·광산 채굴권·삼림 채벌권 등 우리의 권리를 계속 빼앗아 가자 정부의 친러 정책과 비자주적인 외교에 반대해서 일어났어요. 독립 협회는 국민의 힘으로 외국 세력을 물리치고 어지러운 정치를 바로잡아 자주독립을 해야 한다는 데 뜻을 모았어요. 그리고 갑신정변*이 실패한 이유가 국민의 지지를 얻지 못했기 때문이라고 판단하고, 국민의 지지를 얻기 위해 이 집회를 열었던 거예요. 이 집회에는 1만 명이 넘는 국민이 참여했으며, 정치를 개혁하기 위해 많은 연설과 토론을 했어요.

1898년 종로에서 열린 만민공동회예요. 이 집회에는 정부 관료는 물론이고 지식인, 학생, 부인, 상인, 승려, 백정 등 각계각층이 참여했어요.

만민 공동회에서는 외국의 힘에 의존하는 왕실을 비판하고, 근대적인 의회 정치를 해야 한다는 내용을 결의한 6개 항의 개혁 원칙인 헌의 6조를 고종 황제에게 건의하기도 했어요. 하지만 보수적인 관리들의 반대로 실현되지는 못했어요. 이 집회 이후 독립 협회는 보수적인 세력의 모함으로 고종의 명령에 따라 결국 해체되고 말았습니다.

■ **독립 협회** ○ 46쪽   ■ **갑신정변** ○ 12쪽

만적의 난 萬積의 亂

1198년 · 만적이 일으킨 노비 해방 운동

1198년에 노비 만적이 일으킨 신분 해방 운동이에요. 고려 중기인 1170년에 일어난 무신 정변*은 고려 귀족 사회를 크게 바꿔 놓았어요. 권력을 잡고 있던 문신들에 맞서 홀대받던 무신들이 일으킨 난이었던 만큼, 윗사람을 꺾고 오르는 하극상이 가능한 시대가 펼쳐진 거예요. 당시 억눌려 지냈던 것은 무신만이 아니었거든요. 특히 천민 출신이었던 이의민이 무신 정권의 최고 권력자가 되면서 백성들의 신분 상승에 대한 기대감은 더 커졌어요.

만적은 무신 정권의 우두머리였던 최충헌의 노비였는데, 이의민처럼 정권을 차지해 신분을 바꿔 보려고 했어요. 그는 개경에서 노비들을 모아 놓고, '상전을 죽이고 노비 문서를 불태워 노예가 없는 곳으로 만들자.'고 주장하며 신분 해방 운동을 계획했어요. 그러나 그중 한 노비의 배신으로 발각되어 많은 노비들과 함께 붙잡혀 죽음을 당했어요.

만적의 난은 비록 실패했지만 노비들의 신분 해방 운동이었다는 점에 큰 의의가 있어요.

■ 무신 정변 ○63쪽

망이·망소이의 난 亡伊亡所伊의 亂

1176년 · 고려 무신 정권 때 일어난 신분 해방 운동

1176년에 공주 명학소에서 망이·망소이 형제를 중심으로 일어난 민란이에요. 무신 정권 시대는 곧 '민란의 시대'이기도 했어요. 무신들이 문신들에 맞서 일으킨 무신 정변"은 조정의 부패와 문벌 귀족"의 횡포에 숨죽여 온 농민과 노비들의 불만과 분노까지 폭발시켰어요.

공주에 딸린 천민 부락 명학소에 살던 망이·망소이 형제는 지나치게 많은 세금과 신분 차별에 반발하면서 무리를 모아 난을 일으켰어요. 이들의 세력은 점점 커져 공주를 함락시키고, 한때 충청도 일대를 점령했지요. 정부에서는 명학소를 충순현으로 승격시키며 이들을 회유하는 한편 대대적인 공격을 퍼부었어요. 결국 망이·망소이는 항복을 하고 고향으로 돌아갔어요.

그러나 난이 진정된 뒤 정부에서 다시 군대를 보내 그들의 가족을 가두자, 2월에 또다시 들고일어났어요. 이들은 근처에 있는 절을 습격하고, 60개의 현을 장악한 뒤에 개경까지 나아가려고 했어요. 그러자 정부는 다시 군대를 보내 총공격을 펼쳐 난을 진압했어요. 망이·망소이의 봉기는 이후 수많은 민란이 일어나는 계기가 되는 사건이었어요.

■무신 정변 ○63쪽　　■문벌 귀족 ○64쪽

모스크바 3국 외상 회의 三國外相會議

1945년 · 우리나라에 대한 신탁 통치를 결정한 회의

1945년 12월에 모스크바에서 열린 미국, 영국, 소련 세 나라 외무 장관들의 회의예요. 제2차 세계 대전 후의 여러 문제와 대한민국의 독립 문제를 처리하기 위해 열렸어요. 이 회의는 제2차 세계 대전이 끝날 무렵 연합군이 이집트 카이로에서 회담을 갖고 한국의 독립 문제 등을 논의하며 합의한 내용에 따라 열린 것이에요.

이 회의에서는 한국에 대해 민주주의 원칙 아래 독립 국가를 건설하기 위해 임시 정부를 설치할 것, 임시 정부 수립을 돕기 위해 미·소 공동 위원회를 설치할 것, 미국·영국·소련·중국 4개국은 한국을 최고 5년 동안 신탁 통치할 것, 미·소 공동 위원회는 임시 정부 수립을 준비하기 위해 민주적 정당·사회단체와 협의할 것 등을 결정했어요. 신탁 통치란 국제 연합의 위임을 받은 나라가 어떤 지역이나 국가의 정치 질서가 안정될 때까지 임시로 맡아 다스리는 것을 말해요.

이 같은 회의 결과는 곧바로 한반도에 전해졌고, 많은 국민과 지도자들은 신탁 통치 반대 운동을 펼쳤어요. 하지만 좌익 등 일부 세력이 찬성하는 쪽으로 의견을 바꾸면서 극심한 좌우 대립이 일어났습니다.

■ 미·소 공동 위원회 **ⓞ** 67쪽
■ 신탁 통치 반대 운동 **ⓞ** 114쪽

무구 정광 대다라니경 無垢淨光大陀羅尼經

신라 경덕왕 때인 751년에 간행된 것으로 추정되며, 현재 남아 있는 세계에서 가장 오래된 목판 인쇄본이에요. 두루마리로 된 〈무구 정광 대다라니경〉은 폭은 6.6센티미터밖에 안 되지만 길이는 620센티미터나 돼요. 12장의 종이를 이어 붙였으며, 한 행에 8~9자가 적혀 있어요. '무구 정광'은 때가 묻지 않은 맑고 깨끗한 빛이라는 뜻이고, '다라니경'은 불교의 신비한 뜻을 담은 기도문이에요. 옛날부터 탑 속에 다라니경을 넣는 것이 풍습이었는데, 이 〈무구 정광 대다라니경〉은 1966년 경주 불국사 3층 석탑 석가탑을 보수하기 위해 해체했을 때 석탑 안에서 발견되었어요. 금동제 사리함 등 여러 유물과 함께 발견되어 모두 국보 156호로 지정되었어요.

이 경은 발견되었을 때 흠이 많이 나 있었으며 이후 더 심해졌는데, 1989년에 수리해서 거의 원래의 상태를 되찾았어요. 초기의 목판본 목판으로 인쇄된 책 임에도 완전한 내용을 담고 있으며, 판각술도 매우 정교하고 인쇄도 20년 뒤에 제작된 일본의 것보다 더 발전된 방법을 사용했다고 해요. 우리나라의 앞선 인쇄 문화를 보여 주는 유물이지요.

무구 정광 대다라니경 복제품이에요. 확대된 글자는 무구 정광 대다라니경에 나온 '무주제자' 중 한 글자예요.

무신 정변 武臣政變

1170년 · 고려 의종 때 무신들이 일으킨 정변

1170년에 무신 정중부가 이의방, 이고 등과 함께 문신들을 제거하고 임금인 의종까지 몰아낸 정변으로, 무신의 난이라고도 해요.

고려는 문벌 귀족˙ 중심의 사회였어요. 문벌 귀족의 대부분은 문신이었고, 무신들은 문신에 비해 낮은 대우를 받았지요. 이처럼 문신들이 권력을 대물림하고 횡포를 일삼자 불만이 쌓인 무신들이 난을 일으키고 권력을 차지했어요.

이 정변은 무신에 대한 문신의 차별과 멸시로 폭발했어요. 예를 들어 젊은 문신 김돈중이 아버지 김부식의 권세를 믿고 정중부의 수염을 촛불로 태우고, 문신 한뢰가 나이 많은 대장군 이소응의 뺨을 때리는 등 무신을 모욕하는 사건이 이어지자 무신들이 들고일어난 것이지요.

무신 정변 이후 100년 동안 무신들이 권력을 잡고 고려를 이끌었어요. 정중부가 난을 일으켜 최고 권력자가 된 뒤 경대승, 이의민을 거쳐 최충헌으로 이어졌어요. 하지만 무신들은 백성을 위한 정치를 하기보다는 문벌 귀족처럼 자신들의 이익을 채우기에 바빴어요. 그래서 망이·망소이의 난이나 만적의 난 같은 민란이 연이어 일어나고, 고려 사회는 점차 쇠퇴하는 계기가 되었답니다.

˙ 문벌 귀족 ○ 64쪽

문벌 귀족 門閥貴族
고려 초기의 지배 세력

대대로 관직과 땅을 물려받아 세력을 키운 가문 또는 귀족을 말해요. 신라 말에 등장한 호족˙, 6두품, 개국 공신 등 고려 초기부터 지방에 많은 땅을 갖고 있거나 중앙의 고위 관료가 된 사람들이 문벌 귀족이 되었어요. 문벌 귀족은 그들의 지위를 유지하기 위해 과거 시험을 치르지 않고도 관리가 될 수 있는 음서 제도나 세습할 수 있는 토지인 공음전 제도 등을 통해 권력과 경제력을 거의 독점하면서 더욱 힘을 키웠어요. 왕실과의 혼인을 통해 권력을 유지하기도 했지요.

이런 문벌 귀족이 고려 초기의 지배 계층으로 자리 잡는 과정에서 주요 관직을 문신들이 차지하게 되는 바람에 일반 백성이나 무신들의 반발을 사 무신 정변˙을 일으키는 원인이 되기도 했어요. 문벌 귀족 체제는 결국 무신 정변으로 무너지고 말아요. 대표적인 문벌로는 이자겸의 경원 이씨, 최충의 해주 최씨, 김부식의 경주 김씨 등이 있어요.

■호족 ○ 210쪽 ■무신 정변 ○ 63쪽

넌 과거 시험을 치르지 않아도 합격!

과거 보는 곳

귀족의 자제

문화 통치 文化統治
1920년대 일본의 식민지 지배 정책

　3·1 운동*을 통해 한민족의 강한 저항 정신을 엿본 일본은 총칼만으로는 조선을 지배하기가 어렵다는 사실을 깨달았어요. 그때까지는 헌병 경찰과 같은 무력을 통해 조선인의 생활을 감시하고 억압하며 언론, 집회, 정치 등 거의 모든 부분에서 조선인들의 활동을 금지하던 무단 통치를 바꾸지 않을 수 없었어요. 그래서 일본은 3·1 운동을 계기로 한민족의 전통과 문화를 존중하며 통치하겠다는 문화 통치를 내세웠어요. 헌병 경찰제를 보통 경찰제로 바꾸고, 조선인의 교육 기회를 확대했으며, 민족 신문을 발행할 수 있도록 허가했지요.

　이는 겉보기에는 조선인에 대한 차별을 없애고 행동의 자유를 주는 듯했어요. 하지만 이 기간 동안 경찰의 수는 더욱 늘어났으며, 전문적인 지식 교육을 받거나 대학에 진학하는 데는 많은 제약이 있었지요. 또한 일본의 식민 통치에 비판적인 기사를 실은 신문사에는 기사 삭제, 발행 중단, 폐간 등의 조치를 취했어요.

　이렇게 문화 통치는 조선인을 회유하는 정책으로, 일본을 잘 따르게 하려는 데 목적이 있었어요. 또한 일본에 우호적인 친일파를 길러 우리 민족을 갈라놓음으로써 독립운동을 막으려는 교묘한 술책이기도 하지요.

■ 3·1 운동 ○ 94쪽

물산 장려 운동 物産獎勵運動

일본으로부터 경제적으로 자립하기 위해 펼친 운동

일제 강점기에 조선 물산 장려회가 중심이 되어 펼친 국산품 장려 운동이에요. 3·1 운동 이후 일제의 경제적 침략이 갈수록 심해지자 민족기업을 육성해 경제적 자립을 꾀하려는 목적으로 일으킨 경제 자립 운동이지요.

이 운동은 1922년에 조만식을 중심으로 한 민족 지도자들이 평양에서 조선 물산 장려회를 만든 것을 계기로 시작되었어요. 평양에서 비롯된 국산품 애용 운동은 일제의 탄압에 시달리며 경제적 착취를 당해 오던 국민들을 일깨우는 계기가 되었어요. 이 움직임은 1923년 서울에서 조직한 조선 물산 장려회의 창립과 함께 전국으로 퍼져 나갔지요. 이후 국산품 애용, 소비 절약, 자급자족, 민족 기업의 육성 등을 내걸고 강연회와 시위, 선전 활동을 벌였어요.

물산 장려 운동이 이렇게 민족 운동으로 확대되자 겁을 먹은 일제는 방해 공작을 펴, 결국 이 운동은 실패로 끝나고 말았어요. 조선 물산 장려회도 1940년에 강제로 해산되었습니다.

■ 3·1 운동 ● 94쪽

미·소 공동 위원회 美蘇共同委員會

1946년 • 한국 문제를 해결하기 위한 미국과 소련의 대표자 회의

1946년 1월에 미국과 소련의 대표가 서울에서 조직한 위원회예요. 1945년 12월에 열렸던 모스크바 3국 외상 회의[*]의 결정에 따라 한국의 임시 정부 설립을 도와줄 목적으로 미·소 점령군 사령관들에 의해 설치되었어요. 이 위원회는 모스크바 협정에 따라 열렸어요. 모스크바 협정은 모스크바 3국 외상 회의에서 맺은 협정인데, 한국에 대한 신탁 통치 등을 내용으로 하고 있어요. 미·소 공동 위원회는 한국의 임시 정부를 구성하기 위해 2년에 걸쳐 열렸어요. 한국의 신탁 통치와 완전 독립 문제에 대해 토의했는데, 회의 기간 내내 미국과 소련의 의견이 달라 갈등을 빚었어요. 그런 데다 남한 내의 정치 세력들 간에도 입장이 달라서 어떤 결정도 내리지 못하고 말았어요. 결국 1947년 10월, 미국이 한국 문제를 국제 연합 유엔에 토의할 안건으로 내놓으면서 이 위원회도 사라지게 되었어요.

당시 미·소 공동 위원회가 열렸던 덕수궁 석조전 동관이에요. 원래는 고종 황제와 황후가 사용했지만 일제 강점기를 거치면서 박물관 등으로 사용되었어요.

■ 모스크바 3국 외상 회의 ○ 61쪽

미륵 신앙 彌勒信仰

미래의 부처님인 미륵을 믿는 신앙

미륵이란 석가모니가 구제하지 못한 사람들을 위해 먼 훗날에 다시 오기로 되어 있는 미래의 부처예요. 미륵 신앙은 미래의 부처인 미륵을 통해 현재 세상에서 겪는 어려움에서 구원받는다는 믿음이지요.

미륵 신앙이 우리나라에 들어온 것은 삼국 시대에 불교를 받아들이면서부터예요. 특히 구원 사상 때문에 혼란한 시기에 하층민을 중심으로 많이 퍼졌어요.

백제와 신라에서는 국가 통치 이념으로 응용되었어요. 백제의 무왕은 익산 미륵사를 지어 왕권을 강화했으며, 신라 진흥왕˚이 조직한 화랑도에도 미륵 신앙이 깊이 관련되어 있어요. 또 후삼국 시대에 궁예는 스스로를 미륵이라 부르기도 했어요. 조선 후기에는 세도 정치로 혼란스러워지자 다시 미륵 신앙이 유행하기도 했답니다. 이런 미륵 신앙은 근대로 오면서 증산교 등 신종교 운동의 이념적 토대가 되기도 했어요.

■ 진흥왕 ❶ 178쪽

민며느리제

옥저의 결혼 풍속

장래에 며느리로 삼을 여자아이를 민머리 쪽 찌지 않은 머리 인 채로 데려다 키우는 옥저의 혼인 제도를 말해요. 여자가 열 살쯤 되었을 때 며느리로 삼을 집에서 데려다 키운 다음, 성인이 되면 집으로 돌려보냈다가 다시 맞아들여 혼인을 했던 제도예요. 이때 남자 집에서는 여자 집으로 돈과 예물을 주었어요. 여자가 시집가면서 집안의 일손이 줄어드는 데 대한 보상이라고 할 수 있지요.

민무늬 토기 無文土器 무문토기

청동기 시대에 사용한 무늬 없는 토기

경상남도 진주시에서 발견된 민무늬 토기.

청동기 시대*에 주로 사용한 무늬 없는 토기예요. 청동기 시대 사람들은 주로 나지막한 산이나 언덕에 많이 살았기 때문에 바닥이 평평한 민무늬 토기를 만들어 사용했어요. 빗살무늬 토기*처럼 밑바닥을 뾰족하게 만들면 세울 수가 없기 때문이지요. 민무늬 토기는 물이 스며들지 않도록 진흙으로 만들었는데, 원통 모양이나 팽이 모양이 일반적이에요.

■ **청동기 시대 ❶** 185쪽　　■ **빗살무늬 토기 ❶** 86쪽

민족 자결주의 民族自決主義
한 민족의 정치 운명을 스스로 결정할 권리가 있다는 주장

한 민족이 다른 민족이나 국가의 간섭을 받지 않고 자신의 정치 운명을 스스로 결정하는 권리를 실현하려는 사상이에요. 1918년에 미국의 윌슨 대통령이 처음 주장하고 파리 평화 회의에서 받아들였어요. 윌슨이 내놓은 14개조 평화 원칙 가운데 식민지 처리 문제에 대한 원칙으로 제시한 것이에요. 이는 제1차 세계 대전 이후 독일, 오스트리아 등 패전국이 다시 전쟁을 일으키지 못하도록 식민지를 내놓게 하고, 영국과 프랑스 등 승전국이 패전국의 식민지를 차지하지 못하게 하기 위한 방안이었어요. 그 결과 러시아의 영토였던 발트해 연안 지역과 패전국인 오스트리아·헝가리 제국과 오스만 제국의 영토 중 일부가 여러 신생 국가로 나누어졌어요.

민족 자결주의를 발표하자 당시 강대국의 지배를 받던 수많은 약소민족들은 커다란 희망과 용기를 얻었어요. 민족 자결주의의 정신은 이후 식민지 국가의 독립운동에 많은 영향을 끼쳤어요. 우리나라의 3·1 운동˙도 이 원칙의 영향을 받았다고 할 수 있어요.

■3·1운동 ❍94쪽

ㅂ

박영효 朴泳孝

1861~1939년 · 구한말의 정치가, 개화사상가

대한 제국˚ 시대의 정치가이며, 호는 춘고·현현거사예요. 열세 살에 철종의 딸 영혜 옹주와 결혼했으나 3개월 만에 옹주가 세상을 떠나 홀아비가 되었어요. 실학˚ ^{북학파} 사상을 이은 개화사상가들의 영향을 받았고, 이후 김옥균, 서광범, 홍영식 등과 개화당을 만들었어요. 1882년에는 수신사˚가 되어 일본으로 건너가, 국제 정치의 흐름을 살피고 일본의 근대 문물을 두루 알아보고 돌아왔어요.

1884년에 김옥균, 서광범 등과 함께 갑신정변˚을 일으켰으나 일본의 배신과 청나라의 개입으로 실패해 곧바로 일본으로 망명했어요. 그 뒤 1894년 갑오개혁˚을 계기로 귀국해 개혁을 추진했으나 고종 폐위 음모 혐의를 받고 다시 일본으로 쫓겨났어요. 1907년 오랜 망명 끝에 귀국했으며, 한·일 병합˚ 후 일제로부터 후작의 작위를 받고 조선 식산은행 이사, 동아일보 초대 사장을 지내기도 했습니다.

박영효는 개화파로 출발했지만 한편으로는 친일의 길을 걸었던 인물이에요. 1882년 일본으로 가는 배 위에서 그린 태극 4괘의 도안을 기초로 처음으로 태극기를 만들어 사용하기도 했습니다.

■대한 제국 ○ 43쪽   ■실학 ○ 115쪽   ■수신사 ○ 105쪽   ■갑신정변 ○ 12쪽   ■갑오개혁 ○ 14쪽
■한·일 병합 조약 ○ 204쪽

박은식 朴殷植

1859~1925년 · 조선 말기 · 일제 강점기의 학자, 언론인, 독립운동가

　호는 백암이고, 유학자로 출발했으나 뒤에는 개화사상가로 바뀌었어요. 1898년에 독립 협회˚에 가입했으며, 만민 공동회˚에서 활동했어요. 〈황성신문〉˚과 〈대한매일신문〉의 주필 논설 기자 을 지내기도 했어요. 1906년 이후에는 적극적으로 애국 계몽 운동˚을 펼쳤으며, 나라의 주권을 되찾기 위해 개화사상과 신학문에 힘쓸 것을 강조했어요. 또한 1907년에 조직한 신민회에 가입해 교육과 출판 부문에서 활동하기도 했습니다.

　1911년에 중국으로 건너가 우리 역사에 대해 본격적으로 연구하기 시작했어요. 주로 고구려와 발해 등 고대사 연구에 몰두해《동명성왕실기》와《발해태조건국지》를 썼으며, 상하이에서는《안중근전》과《한국통사》를 완성해 민족의 자부심을 높이고 독립 투쟁 정신을 북돋웠어요. 1919년 3·1 운동˚이 일어나자 61세의 나이에도 불구하고 적극적으로 독립운동에 참여했으며, 대한민국 임시 정부˚ 수립을 뒤에서 지원했어요.

　그 뒤 1920년《한국독립운동지혈사》를 써서 무장 투쟁을 지지하다가 임시 정부와 독립운동계 전체가 분열과 혼란에 빠지자 1925년에는 대한민국 임시 정부의 2대 대통령이 되었어요. 곧이어 대통령제를 없애고 국무 위원제를 실시하는 등 임시 정부 헌법을 바꿔 분열과 혼란을 수습했지요. 그해 8월 대통령에서 물러난 후, 11월 상하이에서 병으로 세상을 떠났습니다.

▪독립 협회●46쪽　▪만민 공동회●58쪽　▪황성신문●216쪽　▪애국 계몽 운동●125쪽
▪3·1 운동●94쪽　▪대한민국 임시 정부●44쪽

박지원 朴趾源

1737~1805년 · 조선 후기의 실학자이자 사상가, 소설가

호는 연암이에요. 1765년 과거에 실패한 뒤 오직 학문 연구와 책 쓰는 일에만 전념했어요. 박제가, 이서구, 유득공, 이덕무, 홍대용 등과 학문적으로 깊이 교류했어요. 1777년에는 정조˚의 신임을 받으며 횡포를 일삼던 홍국영에게 모함을 당해 생명이 위태로워지자 황해도 금천의 연암협이라는 곳으로 이사를 했어요. '연암'이라는 호는 이곳에서 비롯되었지요.

1780년 중국 여행 뒤 기행문인《열하일기》를 지었어요. 이 책은 청나라의 여러 문물을 소개하고, 조선의 정치·경제·문화 등 모든 분야를 새롭게 고쳐야 한다는 내용을 담고 있어요. 박지원은 이 책으로 이름을 떨치긴 했지만, 그 시대의 유학자들에게 많은 비난을 받기도 했어요. 그 뒤 여러 벼슬을 지내다 5년 만에 물러나 책 읽고 글 쓰는 일에만 몰두했어요.

또〈허생전〉,〈양반전〉등 10여 편의 소설을 남겼는데, 이 소설들을 통해 그 당시의 무능한 양반과 부패한 관리들을 날카롭게 비판했어요. 이때 소설의 주인공을 실학˚ 정신에 맞는 새로운 인물로 그려 냄으로써 홍대용, 박제가 등 북학파에게 큰 영향을 주었지요. 또한 '일상적인 생활에 이롭게 쓰이고, 삶을 풍요롭게 하는 실천 학문'이라는 뜻을 담고 있는 '이용후생'의 실학을 강조했습니다.

■정조 ○ 169쪽   ■실학 ○ 115쪽

백제 금동 대향로 百濟金銅大香爐

7세기 백제의 금동 향로

　1993년 충청남도 부여에서 발견된 백제의 향로로, 7세기 초에 제작한 것으로 짐작되어요. 높이 61.8센티미터, 무게 11.8킬로그램이나 되는 대형 향로로, 거의 녹도 슬지 않은 원형 그대로 발견되었어요. 이 향로는 크게 몸체와 뚜껑으로 구분되며, 뚜껑 위에 장식한 봉황과 받침대를 포함하면 네 부분으로 나눌 수 있어요. 용이 받쳐 주고 있는 연꽃 모양의 몸체 위에 산봉우리로 둘러싸인 반원형의 뚜껑이 있고, 그 꼭대기에는 봉황이 자리 잡고 있어요.

　뚜껑에는 다섯 명이 음악을 연주하는 모습, 크고 작은 산, 동물, 말을 탄 사람들 등 화려한 무늬가 조각되어 있어요. 몸체에도 연꽃, 물고기, 동물 등 여러 무늬가 새겨져 있어요.

　백제 금동 대향로는 백제 시대의 공예와 미술 문화, 종교와 사상, 제조 기술까지 알 수 있게 해 주는 귀중한 작품이에요. 국립 부여박물관에 있으며, 1996년에 국보 287호로 지정되었어요.

백제 금동 대향로는 창의성과 조형성이 뛰어나고 불교와 도교가 혼합되어 있어서 더욱 가치가 높은 미술품이에요.

벽란도 碧瀾渡

고려 시대의 국제 무역항

황해로 흘러드는 예성강 하구에 자리 잡은 고려 시대의 중요한 나루터예요. 고려의 서울인 개경 가까이에 있던 국제 무역항으로, 외국 상인이 많이 드나들었어요.

고려는 외국과 활발하게 무역을 했고, 특히 송나라와의 무역이 가장 큰 비중을 차지했어요. 그런데 고려 시대에는 거란, 여진 등 북방 유목 민족이 세운 국가들이 육로를 가로막고 있어서 송나라와의 교류는 바다를 통해 이루어졌어요. 이에 따라 개경과 가까운 예성강 어귀의 벽란도가 국제 무역항으로 발전한 것이에요.

벽란도에는 송나라, 일본, 동남아시아의 상인들뿐만 아니라 아라비아 상인들도 오고 갔어요. 이때 아라비아 상인들은 송나라를 거쳐 고려까지 왔는데, 이들을 통해 고려 코리아 라는 이름이 서방 세계에 널리 알려졌어요. 그 당시 벽란도는 새로운 문물을 가장 빠르게 만날 수 있는 곳이었답니다.

벽란도를 통해 농기구나 곡식, 삼베 등을 수출하고 은이나 모피 등을 수입했어.

별기군 別技軍
1881년 · 조선 후기에 두었던 신식 군대

1881년 고종 때 조직한 최초의 신식 군대예요. 개항 이후 근대적 제도 개혁을 추진하면서 군사 제도도 개편했는데, 그 과정에서 만든 군대예요. 일본인 군사 교관에게 훈련을 받았어요.

이들 별기군은 소총 등 신식 무기를 지급 받았으며, 급료나 군복 등 모든 면에서 구식 군인보다 훨씬 나은 대우를 받았어요. 이런 차별 대우가 1882년에 구식 군인들이 임오군란°을 일으키는 구실이 되었답니다.

▪ **임오군란 ◐** 158쪽

ㅂ

별무반 別武班
1104년 · 고려 숙종 때 여진을 정벌하기 위해 만든 군대

1104년에 여진을 정벌하기 위해 윤관의 건의로 조직한 군대예요. 12 세기 초에 부족을 통일한 여진족은 고려와 충돌하는 일이 많아졌어요. 그러나 보병이 대부분인 고려군은 강력한 기병으로 조직된 여진족에게 번번이 패했어요. 이에 윤관의 건의를 받아들여 별무반을 설치했어요. 별무반은 기병 부대인 신기군, 보병 부대인 신보군, 승병 부대인 항마군으로 구성된 특별 부대였어요. 1107년, 윤관은 별무반을 이끌고 여진을 정벌해 동북 지역에 9성을 쌓았어요.

병인양요 丙寅洋擾

1866년 · 프랑스 함대가 강화도를 침략한 사건

　　홍선 대원군˙은 병인년인 1866년에 천주교를 금지하고, 프랑스 선교사들과 조선인 천주교 신자들을 체포해서 처형하는 병인박해를 시행했어요. 이때 중국으로 탈출한 리델 신부가 톈진에 와 있던 프랑스 함대 사령관 로즈 제독에게 이 사실을 보고했어요. 로즈 제독은 보고를 받고, 이 사건에 대한 책임을 묻고 통상 조약의 체결을 요구하면서 군함과 해병대를 이끌고 강화도를 침략했어요. 그러나 정족산성 삼랑성 에서 양헌수 장군이 이끄는 부대에 패해 큰 피해를 입고 결국 쫓겨 갔지요. 프랑스군은 물러가면서 강화읍에 불을 지르고, 정조˙가 설치한 외규장각 규장각의 부속 도서관 에 보관하던 많은 책과 문화재를 빼앗아 갔어요.

병인양요는 로즈 제독이 이끄는 프랑스 함대 7척이 프랑스 신부를 살해한 자에 대한 처벌과 통상 조약 체결을 요구하며 강화도를 침략한 사건이에요.

　　이후 홍선 대원군은 천주교를 더 심하게 탄압했으며, 쇄국 정책을 더욱 굳혔어요. 병인양요는 우리 역사상 처음으로 서양 제국주의 세력의 침략을 물리쳤다는 데 의의가 있습니다.

　　▪ 홍선 대원군 ❍ 220쪽　　▪ 정조 ❍ 169쪽

병자호란 丙子胡亂

1636년 · 조선 인조 때 청나라가 조선을 침략한 전쟁

1636년 청나라가 조선을 침입하며 일어난 전쟁이에요. 1627년 정묘호란을 일으키며 조선을 침략해 승리한 후금1636년에 '청'으로 이름을 고침은 조선과 형제 관계를 맺어요. 그러나 그 뒤 세력이 커진 청나라는 조선에게 신하의 예를 갖추라고 요구합니다. 조선이 이를 거절하자, 청나라태종이 직접 10여만 명의 군대를 이끌고 다시 쳐들어와 병자호란이 일어난 거예요.

청나라는 곧 한양을 점령했고, 인조는 신하들과 함께 남한산성으로 피난을 갔어요. 그곳에서 45일 동안 싸움을 계속했지만, 식량과 군사력이 부족해 결국 1637년 1월, 인조는 남한산성을 나와 삼전도송파에서 청나라 태종에게 굴욕적인 항복을 했어요.

그 결과 조선은 청과 군신 관계를 맺고, 명나라와의 관계를 끊었으며, 소현 세자와 봉림 대군뒷날 효종 등 두 왕자와 청나라에 항복하는 것을 반대한 3학사를 청나라에 인질로 보내야 했어요.

보부상 褓負商

보짐장수와 등짐장수

조선 시대에 전국의 시장을 돌아다니며 물건을 팔던 사람을 말해요. 봇짐장수보상와 등짐장수부상를 함께 이르는 말이에요. '보상'은 부피가 작으면서 값이 비싼 금, 옷감 등을 질빵물건을 지기 위해 연결한 줄에 짊어 지고 다니며 팔았고, '부상'은 부피가 크면서 값이 비교적 싼 나무 그릇, 소금 등을 지게에 지고 다니면서 팔았어요.

이런 보부상은 엄격한 규율을 지켰으며, 단결심이 강했어요. 또 나라가 위급하거나 어려울 때는 목숨을 걸고 도왔어요.

임진왜란˙과 병자호란˙ 때는 식량과 무기를 나르거나, 직접 전투에 참가하기도 했어요. 수원 화성˙을 쌓을 때도 도왔으며, 홍경래의 난˙ 때도 반란군을 진압하는 데 참여했어요. 또한 병인양요˙ 때는 프랑스군과, 동학 농민 운동˙ 때는 농민군과 전투를 벌였지요. 1898년에는 황국협회가 보부상을 이용해 독립 협회˙의 활동을 탄압했습니다.

- **임진왜란 ○** 159쪽
- **병자호란 ○** 79쪽
- **수원 화성 ○** 106쪽
- **홍경래의 난 ○** 212쪽
- **병인양요 ○** 78쪽
- **동학 농민 운동 ○** 53쪽
- **독립 협회 ○** 46쪽

봉오동 전투 鳳梧洞戰鬪

1920년 · 만주 봉오동에서 대한 독립군이 일본군을 크게 이긴 싸움

1920년 홍범도 장군이 이끄는 대한 독립군이 만주 봉오동에서 일본군을 상대로 크게 승리한 싸움이에요.

일제 강점기에 무장 투쟁을 하던 독립운동가들은 일제의 탄압을 피해 간도와 연해주로 갔어요. 그 가운데 대한 독립군이 있었지요.

1920년 6월 7일, 만주 봉오동에 있던 대한 독립군 마을로 일본군이 쳐들어왔어요. 홍범도 장군은 그 소식을 미리 알고 마을 사람들을 모두 안전한 곳으로 보냈지요. 그리고 대한 독립군은 몰래 숨어서 일본군을 기다렸어요. 아무것도 모르고 봉오동 마을로 쳐들어온 일본군은 홍범도 장군이 이끄는 대한 독립군에게 아주 혼쭐이 났어요. 제대로 싸워 보지도 못하고 도망가기 바빴지요. 일본군에 맞서 큰 승리를 거둔 이야기가 세상에 알려지자, 우리나라의 독립군과 독립운동가들은 일제와 싸워 이길 수 있다는 자신감을 얻었어요. 봉오동 전투는 중국 땅에서 우리 독립군과 일본군이 크게 맞붙은 최초의 싸움이에요.

1921년 무렵의 홍범도 장군.

북벌론 北伐論

병자호란 때 청나라로부터 당한 치욕을 갚아 주기 위해 청나라를 공격하자는 주장

조선의 17대 왕인 효종은 병자호란˙이 끝난 뒤 왕자의 몸으로 청나라에 붙잡혀 가 8년 동안이나 볼모로 살았어요. 그래서 왕이 되자 청나라로 쳐들어갈 계획을 세웠어요. 효종은 청나라에 당한 굴욕을 갚고, 임진왜란˙ 때 조선을 도와준 명나라의 은혜에 보답하자며 신하들을 설득했어요. 하지만 오히려 청나라와 우호 관계를 유지하자는 신하들도 있었어요. 북벌론은 효종의 죽음으로 흐지부지되었어요.

▪ 병자호란 ○ 79쪽   ▪ 임진왜란 ○ 159쪽

북학론 北學論

청나라의 우수한 문물과 제도를 배우고 따르자는 주장

병자호란˙ 후 조선은 북벌론이 나오며 청나라의 문물을 배척했지만 영조˙와 정조˙ 대에 이르러 청나라의 발달된 문물을 받아들이자고 주장하는 실학자들이 나왔어요. 이들을 북학파라고 하고, 그 주장을 북학론이라고 해요. 박지원, 홍대용, 박제가, 이덕무 등이 대표적인 북학파인데, 북학론은 19세기 후반 개화사상에 많은 영향을 주었어요.

▪ 영조 ○ 129쪽   ▪ 정조 ○ 169쪽   ▪ 병자호란 ○ 79쪽

붕당 정치 朋黨政治

관료들이 서로 당을 이루어 정권을 다투던 일

조선 시대에 유학을 믿고 따르던 사람들이 붕당을 이루어 서로 비판하고 대립하던 정치 형태를 말해요. 붕당은 학문적·정치적으로 뜻을 같이하는 사람들의 모임을 뜻해요.

붕당 정치는 조선 선조 때 인사권을 가진 이조 전랑의 자리를 놓고 동인과 서인으로 갈라지면서 시작되었어요. 그러다가 동인은 남인과 북인으로 갈라져 동·서·남·북의 네 당파가 된답니다. 이렇게 붕당이 갈라진이유는 늘어나는 양반의 수에 비해 관직은 한정되어 있었기 때문이에요. 그러다 보니 후대로 갈수록 붕당 간의 대립이 심해져 상대편을 아예 죽이기까지 하게 되지요.

이렇게 붕당의 대립이 격화되자 영조˚와 정조˚는 붕당의 세력을 누르고 왕권을 회복하기 위해 탕평책˚을 써서 효과를 보기도 해요. 하지만 정조가 죽고 순조가 왕위에 오른 다음 외척 가문이 권력을 독차지하는 세도 정치가 시작되면서 붕당 정치도 끝나게 되지요.

붕당 정치는 조선 중·후기 정치의 가장 큰 특징이라고 할 수 있어요. 붕당 정치는 국가의 미래보다 당파의 이익을 앞세운 부정적인 측면도 있지만 당파 간의 견제와 비판을 통해 정치를 공개적으로 하게 만든 긍정적인 측면도 있답니다.

■ **영조 ⊙** 129쪽   ■ **정조 ⊙** 169쪽   ■ **탕평책 ⊙** 196쪽

비변사 備邊司

조선 중기 이후 국정을 맡아보던 최고의 관청

조선 시대에 군사 업무를 비롯해 정치, 경제 등의 중요한 문제를 토의하던 기구예요. 비변사는 '변방의 일을 대비하는 기구'라는 뜻이에요.

비변사는 원래 중종 때인 1510년, 삼포 왜란의 대책으로 국방 문제를 해결하기 위해 설치한 임시 기구였어요. 그 뒤 왜구의 침략이 잦아지면서 명종 때인 1555년에 상설 기관이 되었지요. 그러나 임진왜란˙을 거치면서 군사 문제뿐만 아니라 외교·재정·사회·인사 문제 등 국정 전반을 다루는 최고 의결 기관이 되었어요. 이에 따라 최고의 정책 결정 기관이던 의정부는 그 역할이 점차 약해졌지요.

이후 순조부터 철종 때까지 세도 정치를 펼치는 동안에는 세도가들이 비변사를 휘어잡으면서 온갖 부패를 일삼는 곳으로 변하고 말아요. 이것을 흥선 대원군˙이 정권을 잡으면서 행정 기능은 의정부에 다시 돌려주고, 군사에 관한 권한은 새로 설치된 삼군부에 맡김으로써 결국 비변사는 1865년에 없어져요.

■ **임진왜란** ● 129쪽   ■ **흥선 대원군** ● 220쪽

비파형 동검 琵琶形銅劍

청동기 시대에 만들어진 비파 모양의 칼

우리나라 최초의 국가인 고조선은 청동기 문화를 바탕으로 발전했어요. 구리와 아연, 주석을 섞어 만든 청동기는 아주 귀한 물건이어서 주로 힘 있는 지배 계급 사람들이 사용했지요.

비파형 동검은 청동으로 만들어진 칼이에요. 중국 악기인 비파처럼 생겼다고 해서 비파형 동검이지요.

비파형 동검은 탁자 모양 북방식의 고인돌, 미송리식 토기와 함께 청동기 시대에 세워진 고조선을 대표하는 유물이에요. 그래서 이 유물들이 함께 발견된 지역을 살펴보면 고조선이 지배한 영역을 알 수 있어요. 비파형 동검은 우리나라에서 가장 큰 청동기 시대 마을 유적인 부여 송국리 유적뿐만 아니라 함경도 지역을 제외한 우리나라 전 지역에서 발견되었어요. 칼날과 손잡이를 따로 만들어 조립한 것이 특징이에요.

■ **고인돌** ○ 20쪽   ■ **청동기 시대** ○ 185쪽

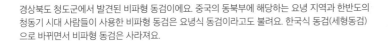

경상북도 청도군에서 발견된 비파형 동검이에요. 중국의 동북부에 해당하는 요녕 지역과 한반도의 청동기 시대 사람들이 사용한 비파형 동검은 요녕식 동검이라고도 불려요. 한국식 동검(세형동검)으로 바뀌면서 비파형 동검은 사라져요.

빗살무늬 토기 櫛文土器 즐문토기
신석기 시대를 대표하는 토기

신석기 시대˚ 사람들은 강이나 시내 근처에 모여 살면서 농사를 지었어요. 그런데 땅에 심은 조, 수수 등의 곡식이 자라면 거두어들여 음식을 만들어 먹거나 보관할 그릇이 필요했지요. 신석기 시대 사람들은 진흙을 빚어 그릇을 만들었어요. 불에 구울 때 깨지지 말라고 그릇 바깥에 점과 선을 이용해 빗살, 물결, 마름모, 생선뼈 등 다양한 무늬도 새겨 넣었고요. 빗살무늬를 진흙에 새겨 구운 그릇이 빗살무늬 토기예요.

사람들은 비가 많이 내려 농사를 잘 짓게 해 달라는 마음으로 빗살, 물

결무늬를 새겼어요. 또 물고기를 많이 잡게 해 달라는 마음으로 생선뼈 무늬를 새겼지요. 알파벳의 V자 모양을 닮은 빗살무늬 토기는 아래쪽이 뾰족해서 똑바로 세울 수 없었어요. 그래서 사람들은 땅을 파고 토기의 아랫부분을 묻어서 사용했어요. 신석기 시대에는 빗살무늬 토기가 곡식을 조리하고, 이동하고, 저장하는 데 아주 쓸모 있는 도구였어요.

서울 암사동 선사 유적지에서 발견된 빗살무늬 토기예요. 빗살무늬 토기는 우리나라뿐 아니고 핀란드, 러시아, 몽골 등 다양한 곳에서 발견되었어요.

■ 신석기 시대 ● 111쪽

ㅅ

4대문 四大門

조선 시대에 한양을 둘러싸고 있던 성곽에 낸 네 개의 대문

　조선을 세운 태조 이성계*는 도읍을 한양으로 옮긴 다음 성곽을 쌓고 동서남북 네 곳에 대문을 세웠어요. 이렇게 만든 4대문은 동쪽의 흥인지문동대문, 서쪽의 돈의문서대문, 남쪽의 숭례문남대문, 북쪽의 숙청문북대문이에요. 숙청문은 숙정문이라고도 불러요.

1900년 무렵의 숭례문이에요. 숭례문은 서울의 성곽 중에서 제일 오래된 목조 건축물이에요. '숭례문'이라고 쓴 현판은 태종의 장남인 양녕대군이 썼다고 해요.

　조선은 유교의 가르침을 따랐기 때문에 4대문의 이름에 '인仁', '의義', '예禮', '지智'를 넣었어요. 그런데 북쪽에 있던 숙청문은 평소에는 거의 열어 놓지 않았어요. 풍수지리설에 따르면 북문을 열어 놓으면 그곳으로 좋지 않은 기운이 들어온다고 해서 꼭꼭 닫아 놓았답니다.

　'예를 숭상한다.'는 뜻을 가진 숭례문은 서울의 정문으로 우리나라 국보 1호인데, 2008년에 불이 나 타 버렸어요. 다행히도 2013년에 다시 세워 웅장한 모습을 드러냈지요.

　한양 성곽에는 사람이나 수레 등의 출입을 위해 4대문 말고도 4소문이 더 있었어요. 동북쪽의 혜화문동소문, 동남쪽의 광희문남소문, 서남쪽의 소의문서소문, 서북쪽의 창의문북소문이 그것이에요.

■ 이성계 ○151쪽

사화 士禍
선비들이 정치적 반대파에 몰려 화(재앙)를 입은 일

조선의 건국이나 태종, 세조 등의 집권 과정에서 공을 세운 공신들은 많은 토지를 세습하고 권력을 차지하고 있었어요. 이들을 훈구파^{관학파}라고 해요. 이에 반해 시골의 중소 지주로 양반이었던 선비들은 과거를 통해 새롭게 관료가 되었어요. 이들을 사림파라고 불러요.

조선 초기에 사림파는 정치적으로 큰 세력을 갖지 못했는데, 성종 시대부터 성장하게 되었어요. 성종이 나날이 세력이 커지는 훈구파에 대항하기 위해 사림파에 속한 사람들을 등용했기 때문이지요. 사림파는 훈구파의 부정부패나 비리 등을 강하게 비판했어요. 그러자 훈구파는 사림파를 몰아낼 기회만 엿보다가 정치적 사건을 꾸며 이들을 죽이거나 몰아냈어요. 이렇게 훈구파가 사림파를 몰아낸 일을 사화, 즉 '사림이 화를 입는 일'이라고 부르지요.

조선 시대에는 크게 네 번의 사화가 일어났어요. 연산군 때인 1498년 무오사화와 1504년 갑자사화, 중종 때인 1519년의 기묘사화 그리고 명종 때인 1545년에 일어난 을사사화 등이에요. 사화가 한 번 일어날 때마다 수많은 선비들이 목숨을 잃거나 벼슬자리에서 쫓겨났어요.

ㅅ

4 · 19 혁명

1960년 · 이승만 정권을 물러나게 만든 민주화 운동

1960년 4월 19일에 국민들이 독재와 부정부패, 부정 선거를 저지른 이승만* 정권을 물러나게 만든 민주화 운동이에요.

1960년 3월 15일은 4대 정·부통령 선거일이었어요. 이미 세 번이나 대통령 자리에 올랐던 이승만은 또다시 대통령이 되려고 헌법까지 고친 다음 대대적인 부정 선거를 저질렀어요.

이에 대해 3월 15일, 마산을 비롯해 전국에서 부정 선거에 항의하는 시위가 벌어졌어요. 이때 경찰이 쏜 최루탄에 마산의 한 고등학생이 목숨을 잃었는데, 경찰은 이 사실을 숨기기 위해 마산 앞바다에 시체를 버렸어요. 하지만 항의 시위는 서울, 부산, 대구, 광주 등 전국으로 퍼져 나갔어요. 그러던 중 4월 11일, 마산 앞바다에서 최루탄에 맞아 죽은 고등학생의 시체가 떠오르자 국민들은 분노했어요. 4월 19일, 수십만 명의 시위대가 대통령이 사는 경무대 지금의 청와대를 향해 나아갔어요. 이승만 정권은 계엄령을 선포하고 학생과 시민들에게 총을 쏘며 막으려 했지만, 국민들의 분노를 잠재울 수는 없었어요.

4월 25일에는 대학교수들까지 시위에 참가하자, 결국 이승만은 대통령 자리에서 물러나 미국 하와이로 망명을 떠났어요. 초등학생부터 대학생 그리고 온 국민이 한마음이 되어 민주주의를 지켜 낸 거예요. 그 과정에서 수천 명이 죽거나 다쳤지요. 우리 정부는 4·19 혁명이 일어난 4월 19일을 국가 기념일로 정해 민주화 운동 정신을 기리고 있어요.

■ 이승만 ○ 152쪽

산미 증식 계획 産米增殖計畫
일제가 실시한 경제 수탈 정책으로, 쌀 생산량을 늘린 정책

1920년부터 1934년까지 쌀 생산을 늘리기 위해 일제가 실시한 경제 정책의 하나예요. 이 정책으로 일제는 우리의 국권만 강제로 빼앗은 것이 아니라 우리의 쌀까지도 강제로 빼앗아 갔어요.

1918년 일본은 쌀이 부족해서 폭동이 일어날 정도였어요. 쌀값이 비싸져 일본 국민들의 생활도 어려워졌지요. 일제는 우리나라에서 쌀을 가져가 부족한 양을 채우기로 했어요. 그래서 우리나라의 쌀 생산량을 늘리기 위해 농민에게 수리 시설을 개량하고 노는 토지 등도 개간시켰어요. 또 수확량이 많은 품종을 심게 하고, 비료도 많이 뿌리라고 했어요. 아예 다른 작물은 심지 말고 벼농사만 지으라고 강요하기도 했어요. 이것이 산미 증식 계획이에요. 이 계획으로 우리나라의 쌀 생산량은 많이 늘어났지만, 우리나라 사람들은 오히려 쌀이 부족해 굶어 죽기까지 했어요.

먹고살기 힘들어진 농민들은 고향을 떠나 대도시나 만주로 갈 수밖에 없었답니다.

삼국사기 三國史記
1145년 · 김부식 등이 펴낸 삼국 시대의 역사책

1145년, 고려의 인종이 김부식 등에게 신라, 고구려, 백제 세 나라의 역사를 기록하게 명령해서 쓰인 책이에요. 이 책은 《삼국유사》와 함께 지금까지 남아 있는 우리나라 역사책 중에서 가장 오래되었어요.

김부식은 기전체를 사용해 이 책을 썼어요. 기전체는 역사적으로 중요한 사람의 이야기를 적어 가면서 역사를 기록하는 방법이에요. 시간이 흘러가는 순서로 역사를 기록하는 편년체와는 다르지요. 모두 50권이에요.

삼국유사 三國遺事
1285년 · 고려 충렬왕 때 승려 일연이 쓴 역사책

충렬왕 때인 1285년 일연이라는 승려가 썼어요. 왕의 명령을 받고 쓴 《삼국사기》와 달리 이 책은 일연 혼자 펴낸 책이어서 보다 자유롭게 역사를 기록했어요. 신라, 고구려, 백제 세 나라뿐 아니라 고조선, 부여, 삼한마한·진한·변한, 가야, 후백제, 발해 등의 역사도 기록되어 있어요. 무엇보다 이 책에는 단군 신화가 들어 있어 우리 민족의 오랜 역사를 보여 주지요. 불교 설화에 대한 이야기도 많이 들어 있어요.

삼별초 三別抄

13세기, 고려 최씨 무신 정권 때 몽골의 침략에 맞서 싸운 군대

고려의 23대 왕 고종은 좌별초, 우별초, 신의군을 합해 삼별초라는 군대 조직을 만들었어요. 원래 삼별초는 최씨 무신 정권을 보호하는 사병이었는데, 몽골이 고려를 침략해 오자 앞장서서 용감하게 싸웠어요.

당시 몽골은 원이라는 나라를 세우고 고려를 여러 차례 침략했지만, 고려는 도읍을 강화도로 옮기면서까지 저항했어요. 하지만 장기간의 전쟁으로 지치게 되자 24대 왕인 원종은 몽골의 요구를 받아들여 개경으로 돌아와 몽골과 화친을 맺었어요. 그러나 삼별초는 원종이 군대를 해산하라고 명령했지만 듣지 않고 몽골에 저항하기로 결정했어요. 배중손이 이끄는 삼별초는 강화도를 떠나 진도로 갔다가, 다시 탐라제주도로 근거지를 옮겨 가며 몽골의 군대에 용감히 맞서 싸웠어요.

1273년, 고려와 몽골의 연합군이 삼별초를 공격해 왔고, 삼별초는 이겨 낼 힘이 없었어요. 이렇게 3년 동안의 전쟁은 끝이 났어요. 이것을 삼별초의 항쟁 또는 삼별초의 난이라고 해요. 삼별초는 몽골의 침략에 끝까지 대항한 상징으로 우리 역사에 길이 남아 있어요.

삼별초는 몽골에 끝까지 저항했어.

3·1 운동

1919년 · 일제의 지배에 저항해 전국적으로 일어난 민족 독립운동

제1차 세계 대전이 끝난 뒤 미국의 28대 대통령 윌슨은 "자기 민족의 일은 민족 스스로 결정해야 한다."는 민족 자결주의*를 주장했어요. 이것은 당시 강대국의 지배를 받던 수많은 민족에게 희망과 용기를 주었어요. 일제의 강압적인 통치를 받던 우리 민족도 마찬가지였지요. 1919년 2월 8일 일본 동경도쿄에서 공부하던 우리나라 유학생들이 먼저 2·8 독립 선언서를 발표했어요.

이런 분위기에 발맞추어 1919년 3월 1일, 33명의 민족 대표가 독립 선언서를 발표했어요. 같은 시각 서울 탑골 공원에서도 수많은 학생과 시민들이 모여 독립 선언서를 낭독하고 태극기를 흔들며 "대한 독립 만세!"를 외쳤지요. 3·1 운동이 시작되는 순간이었어요.

3·1 운동은 빠른 속도로 전국으로 퍼져 나갔고, 만주와 연해주 등 해외에까지 영향을 주었어요. 3·1 운동은 무력을 전혀 사용하지 않은 평화적인 독립운동이었는데도 일제는 총칼로 우리 민족을 위협했어요. 수많은 학생과 시민들이 독립 만세를 외치다 죽거나 다치고 감옥에 갇혔어요.

유관순 열사도 그 가운데 한 명이었어요. 이화학당에 다니던 유관순 열사는 고향인 충청남도 천안으로 내려갔다가 1919년 4월 1일, 천안 아우내 장터에서 독립 만세 운동이 일어나자 앞장섰어요. 유관순 열사는 목이 터져라 독립 만세를 외치다가 일본 경찰에게 끌려가 심하게 고문을 당했어요. 서울 서대문 형무소에 갇혀 있으면서도 틈만 나면 큰 소리로 독립 만세를 외쳤지요. 그러다가 1920년, 열여덟 살의 젊은 나이로 세상

을 떠났어요.

3·1 운동은 일제 강점기에 일어난 우리 민족의 독립 운동 가운데 가장 많은 사람이 참여하고, 수개월 동안 계속된 독립 만세 운동이었어요. 3·1 운동을 계기로 우리 민족은 자주독립에 대한 희망을 갖고 1919년 4월 중국 상하이에서 대한민국 임시 정부"를 세웠어요. 3·1 운동은 다른 많은 나라들에도 큰 감동을 주어 아시아 여러 지역의 독립운동을 이끌어 냈답니다.

독립 만세를 외치다 감옥에 갇힌 유관순 열사. 1920년 서대문 형무소에서 찍은 사진이에요.

■ **민족 자결주의** ○ 70쪽　　■ **대한민국 임시 정부** ○ 44쪽

우리나라 최초의 독립 선언서인 '무오 독립 선언서'의 석판 인쇄본이에요.
1918년 음력 11월, 해외에 나가 있던 39명의 저명인사가 우리나라의 독립을 선포한 거예요.

상평통보 常平通寶
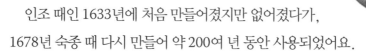
1633년 · 조선 시대에 전국적으로 쓰인 화폐

인조 때인 1633년에 처음 만들어졌지만 없어졌다가,
1678년 숙종 때 다시 만들어 약 200여 년 동안 사용되었어요.

상평통보는 조선 후기에 상업과 수공업의 발달로 시장 거래가 활발해
지면서 만들어졌어요. 처음에 백성들은 사용하기를 꺼렸지만, 세금과 벌
금을 동전으로 내게 하면서 활발하게 사용되었어요. 상평통보는 엽전이
라고도 했는데, 둥그런 모양은 하늘을, 네모난 구멍은 땅을 본뜬 거예요.

새마을 운동
생활 환경 개선과 소득 증대를 위해 실시한 지역 사회 개발 운동

1970년에 박정희 대통령이 처음 주장해서 시작되었으며, 농촌 근대화
운동이었어요. 근면, 자조, 협동을 기본 정신으로 하고 있어요.

새마을 운동은 산업화로 도시와 농촌의 소득 차이가 벌어져 그 불평을
없애기 위해 시작되었어요. 초가집 없애기, 마을 길 넓히고 포장하기, 전
기 설치 등 농촌의 기초 환경 개선이 주로 이루어졌고, 그 결과 짧은 시간
에 현대적으로 발전시켰어요. 이후 도시나 공장 등으로 확대되어 전국적
인 지역 사회 개발 운동으로 발전했어요.

샤머니즘

샤먼(무당)을 통해 신과 소통하는 원시 종교의 하나

시베리아나 한국, 일본 등지에서 주로 보이는 토속 종교로, 인간을 하늘과 연결시켜 주는 샤먼 무당이 춤, 노래, 주문 등으로 신들과 교류하면서 병을 고치거나 점을 쳐요. 샤먼은 신들의 힘을 빌려 마을의 풍요, 가족의 안전, 전쟁의 승리 등을 기원했어요. 우리나라의 샤머니즘은 고조선의 단군 신화에서도 볼 수 있는데, 단군은 당골, 즉 무당이자 임금인 존재를 뜻해요.

서경 천도 운동 西京遷都運動

1135년 · 고려의 수도를 옮기자며 묘청 등이 일으킨 반란

고려의 승려인 묘청이 수도를 개경에서 서경 지금의 평양으로 옮기자며 일으킨 반란이에요.

묘청은 서경 출신으로, 당시 개경 출신의 문벌 귀족들이 금나라에 굽신거리는 것에 반대했어요. 그래서 왕에게 금나라를 정벌하고 고려의 발전을 꾀하려면 수도를 서경으로 옮겨야 한다고 주장했어요. 그러나 뜻대로 되지 않자 스스로 서경에 나라를 세우고 반란을 일으켰어요. 하지만 1년 만에 실패로 끝나고 말았어요.

서학 西學

조선 시대에 서양의 학문과 종교를 이르는 말

17세기 이후 중국을 다녀온 사신들이 소개한 서양의 학문, 즉 천주교예요. 당시 천주교는 종교라는 의미보다 학문으로 보았기 때문에 서학이라고 불렸어요. 그러다 정조˙ 때 이승훈이 중국에서 영세를 받고 돌아와 천주교회를 세운 이후 천주교가 점점 종교로 자리를 잡아 갔지요. 특히 '모두가 평등하며, 착하게 살면 천국에 간다.'는 천주교의 가르침은 서민과 부녀자들에게 크게 환영 받았어요.

천주교가 여러 계층 사람들에게 널리 퍼지자 정부에서는 서학이 사회를 망치는 종교라며 금지했어요. 더욱이 천주교 신자들이 제사를 우상 숭배라고 하며 거부하자, 이것이 유교의 예법에 어긋날 뿐 아니라 우리 전통을 해치는 일이라며 천주교를 탄압했지요. 결국 순조 때인 1801년 신유박해로 이승훈, 정약종 등 많은 신도들이 죽었으며, 정약용˙은 유배를 갔어요. 그 뒤에도 천주교 신자들에 대한 박해가 계속되어, 흥선 대원군˙이 우리나라 역사상 가장 많은 천주교 신자들을 희생시킨 병인박해로까지 이어졌어요.

■ 정조 ○ 169쪽
■ 정약용 ○ 168쪽
■ 흥선 대원군 ○ 220쪽

선사 시대 先史時代
문자로 역사를 기록하기 이전의 시대

문자를 사용하기 전의 시대를 말해요. 문자 기록이 없기 때문에 선사 시대의 생활 모습과 문화는 그 시대 사람들이 남긴 물건이나 건축물 등을 통해 알 수 있어요. 문자로 쓰인 기록이나 책이 있는 시대는 역사 시대라고 합니다. 선사 시대는 사용한 도구에 따라 구석기 시대˚, 신석기 시대˚, 청동기 시대˚로 구분해요. 구석기 시대에는 뗀석기, 신석기 시대에는 간석기 그리고 청동기 시대에는 청동기로 만든 도구를 사용했어요.

■ **구석기 시대** ○ 26쪽   ■ **신석기 시대** ○ 111쪽   ■ **청동기 시대** ○ 185쪽

설총 薛聰
655~?년 · 이두를 정리하고 완성한 신라의 학자

원효˚ 대사의 아들로 최치원, 강수와 더불어 신라의 3대 문장가예요.
설총은 한자의 소리와 뜻을 이용해 우리말을 적을 수 있게 만든 표기법인 이두를 완성했어요. 이두를 이용해서 춘추 시대의 여섯 가지 경서인 '육경'을 해석하기도 했어요. 또한 신라 최고의 고등 교육 기관인 국학國學을 세우고 학생들을 가르쳤어요. 유교 정치 이념을 바탕으로 신문왕에게 교훈을 주는 〈화왕계〉를 짓기도 했어요.

■ **원효** ○ 138쪽

성균관 成均館

고려 말부터 조선 시대까지의 최고 교육 기관

오늘날의 국립 대학교인 성균관은 유학을 가르치는 최고 교육 기관이에요. 고려 때 국자감*에서 국학, 성균감을 거쳐 성균관으로 바뀌었어요. 공자를 제사하는 문묘와 유학을 가르치는 명륜당 등으로 이루어져 있어요. 생원시나 진사시에 합격한 사람과 양반 자녀 가운데 입학시험에 합격한 사람들이 들어갔어요. 1398년 조선 태조 때 지어져서 1887년 고종 때 경학원으로 고쳤다가, 1910년에 없어졌어요.

■ 국자감 ○ 27쪽

성덕 대왕 신종 聖德大王神鐘

통일 신라 시대의 범종

신라의 경덕왕이 아버지 성덕왕의 공덕을 기리기 위해 만들기 시작했지만 다 만들지 못해서 그의 아들인 혜공왕이 771년에 완성시켰어요.

높이는 3.33미터, 입구 지름은 2.27미터인 이 종은 우리나라에서 가장 크면서도 뛰어난 균형미를 자랑해요. 특히 종에 새겨진 화려한 비천상 하늘에 떠다니는 신선을 묘사한 그림이나 조각 무늬는 세련되고 정교해서 유명해요. 이 종에는 아름다운 소리를 위해 어린 아이를 쇳물에 넣었다는 전설이 있어요. 그래서 아이가 원망하는 '에밀레라'라는 소리가 난다고 해서 '에밀레종'이라고도 불려요. 국보 29호예요.

성리학 性理學
중국 송나라 때 생긴 유학의 한 종류

중국 송나라 때 생긴 유학의 한 종류예요. 주돈이에서 비롯되어 정호·정이 형제를 거쳐 주희주자에 이르러 체계를 갖추어 완성되었어요. 만물이 갖고 있는 본성性이 곧 우주의 근본 원리인 이理라고 주장해서 성리학이라고 하며, 주자가 완성했다고 해서 주자학이라고도 해요. 성리학은 유학 사상을 철학적으로 체계화한 매우 논리적인 이론으로, 송나라 이후 유학의 주류가 되었어요.

성리학은 고려 말기에 우리나라에 들어왔는데, 특히 조선에 들어서서는 통치 이념으로 자리 잡았어요. 길재와 정도전˚, 권근과 김종직에 이어 이이˚, 이황˚ 등에 이르러 조선 고유의 성리학으로 체계화되었어요.

ㅅ

■ 정도전 ◑ 165쪽   ■ 이이 ◑ 153쪽   ■ 이황 ◑ 155쪽

불교를 배척하고 유교를 숭상한 조선은 성리학을 정치 이념으로 삼았어.

세종 대왕 世宗大王

1397~1450년(재위 1418~1450년) · 조선의 4대 왕

조선의 3대 왕인 태종 이방원의 셋째 아들 충녕 대군으로, 이름은 도예요. 스물두 살이 되던 1418년에 왕위에 올랐어요.

어린 시절부터 책 읽기를 너무 좋아한 세종은 왕이 되어서도 왕실의 학문 연구 기관인 집현전을 개편해 학문 연구에 힘썼어요. 유교 경전뿐만 아니라 역사, 법학, 천문, 음악, 의학 등 다방면에서 깊은 지식을 쌓았지요. 이 지식들을 바탕으로 나라의 많은 제도들을 바로잡아 정치적으로나 경제적으로 백성들에게 편안한 삶을 찾아 주고 예술과 과학 등에서 눈부신 발전을 이루었어요.

덕수궁에 있는 세종 대왕 동상이에요. 세종 대왕은 정치·경제·국방·문화 등 여러 분야에서 훌륭한 업적을 쌓아 수준 높은 민족 문화를 이룬 위대한 왕이에요. 능은 경기도 여주시에 있어요.

또한 백성을 이롭게 하는 일이라면 관습에 얽매이지 않고 노력했어요. 훈민정음˙을 만든 것이 가장 큰 업적이라고 할 수 있지요. 그뿐만 아니라 농민들을 위해서 《농사직설》을 펴내 농업 기술을 발전시키고 알렸어요. 우수한 금속 활자˙를 만들게 해 인쇄 문화도 발달시켰어요. 또 재능이 있는 사람이라면 차별을 두지 않고 누구나 등용했어요. 노비였던 장영실이 측우기나 해시계인 앙부일구˙, 물시계인 자격루, 혼천의˙ 같은 천체 관측기구를 만들 수 있었던 것도 그 때문이지요. 정간보라는 악보를 만들어 음악도 발전시켰어요.

그리고 국방을 튼튼히 하고 국토를 넓혀서 오늘날과 같은 한반도를 이루었어요. 북으로는 여진족을 몰아내고 4군과 6진을 설치해 압록강에서 두만강에 이르는 국경선을 정했어요. 남으로는 쓰시마 섬을 정벌해서 왜구의 침략을 방비했어요.

조선 역사상 유교의 이상 정치를 몸소 실천하고 찬란한 문화를 꽃피웠으며, 후대에 모범이 되는 성군으로 평가받고 있어요. '대왕'이라 불리며 지금까지 큰 존경과 사랑을 받고 있는 것도 그 때문이지요.

■ 훈민정음 ✪ 217쪽
■ 금속 활자 ✪ 34쪽
■ 앙부일구 ✪ 124쪽
■ 혼천의 ✪ 211쪽

세종 대왕 때 만들어진 자격루를 재현한 것이에요. 왼쪽의 맨 위의 큰 물통부터 물이 채워지면 일정한 속도로 작은 항아리를 거쳐 원통형 항아리로 흘러 들어가고, 원통형 항아리 속의 잣대가 위로 떠오르면서 안에 있는 구슬을 건드려서 오른쪽 인형이 종, 북, 징을 울려 시간을 알려 줘요.

소수 서원 紹修書院

우리나라 최초의 서원

서원은 조선 시대의 사립 교육 기관이에요. 유학을 공부하는 선비들이 가르침도 받고 모여서 토론도 하고 존경하는 학자를 기리며 제사를 지내던 곳이지요.

조선 중종 때 풍기 군수 주세붕은 경상북도 영주시 백운동에 처음으로 '백운동 서원'을 세웠어요. 이 지방 출신이자 고려 말에 성리학을 소개한 안향을 기리고, 이곳 양반 자제들을 인재로 키우기 위해서였어요. 나중에 풍기 군수로 부임한 이황˙은 서원을 전국적으로 알리고 또 공인받기 위해서 국가의 지원을 요청했어요. 그러자 명종이 '소수'라는 이름을 내리고 현판을 직접 써 주었어요. 최초의 사액 서원임금이 이름을 지어 현판을 내린 서원이 된 것이지요. 게다가 토지와 노비, 서적 등도 주는가 하면, 세금을 내지 않아도 되는 특권까지 주었어요.

그 뒤 전국 곳곳에 서원이 세워져 18세기에는 1천 개가 넘게 생겨났어요. 서원이 너무 많이 지어지고 부패하게 되자 흥선 대원군˙은 47개만 남기고 모두 없애 버렸어요. 소수 서원은 그대로 남은 곳 중의 하나랍니다. 사적 55호로 지정되어 있어요.

■ 이황 ○ 155쪽   ■ 흥선 대원군 ○ 220쪽

수신사 修信使
강화도 조약 이후 일본에 보내던 외교 사절

수신사는 개항 이후 일본에 보내던 외교 사절이에요. 이전까지는 통신사"라고 했는데, 1876년 강화도 조약"을 맺은 이후 두 나라가 동등한 입장에서 사신을 교환한다는 뜻에서 고쳐 부른 것이에요. 문물을 전해 주는 입장에서 문물을 받아들이는 입장으로 바뀌었다는 의미를 담고 있어요.

수신사는 1876년부터 1882년까지 3차에 걸쳐 파견되었어요. 1876년 1차 때는 김기수를, 1880년 2차 때는 김홍집을 파견했어요. 이때 김홍집은 청나라 외교관 황준헌이 지은 《조선책략》이라는 책을 가져와 고종에게 바쳤어요. 러시아의 남하 정책에 대비하기 위해 조선, 일본, 청나라가 서로 힘을 합해야 한다는 내용이 적힌 책이에요. 김홍집 일행은 이 책과 함께 근대화한 뒤에 발전한 일본의 모습을 강조하며 적극적인 개혁을 해야 한다고 주장했어요.

김홍집

1882년 3차 수신사로 뽑힌 박영효 일행은 임오군란" 때 일본이 입은 피해에 대해 사과하기 위해 일본에 다녀왔어요.

■ 통신사 ○ 198쪽   ■ 강화도 조약 ○ 15쪽   ■ 임오군란 ○ 158쪽

박영효

수원 화성 水原華城

조선 정조 때 경기도 수원시에 쌓은 성

수원에 있는 화성은 정조˚가 아버지 사도 세자의 능을 양주에서 수원 화산으로 옮기면서 쌓은 성이에요. 근대적인 기술을 활용해서 과학적으로 지었을 뿐만 아니라, 예술적인 아름다움까지 갖추고 있기 때문에 우리나라 성곽 발달사에서 중요한 위치를 차지해요.

성을 설계한 정약용˚은 전통적인 방식을 기본으로 삼으면서도 우리나라 성곽이 지닌 약점을 보완하기 위해 중국이나 일본의 방식을 활용했어요. 돌과 벽돌을 적절하게 섞어서 지었는데, 그 과정에서 거중기를 비롯해 녹로도르래의 일종 와 활차도르래 같은 새로운 기기들을 이용했어요.

수원 화성의 정문인 장안문이에요.

둘레가 약 6킬로미터인 성 안에는 정문인 장안문과 팔달문보물 402호과 화서문보물 403호을 포함한 4대문이 있고, 화성 행궁의 중심이자 정조가 어머니 혜경궁 홍씨의 회갑연을 치르기도 했던 봉수당, 망루와 포루의 역할을 동시에 하는 독특한 시설물인 공심돈 같은 문화재가 있어요.

1997년에 유네스코 세계 문화유산으로 지정되었어요.

■ 정조 ○ 169쪽   ■ 정약용 ○ 168쪽

승정원일기 承政院日記

조선 시대에 승정원에서 다룬 문서와 사건을 기록한 일기

승정원은 왕의 명령을 신하들이나 백성들에게 전하던, 지금으로 치면 대통령 비서실과도 같은 곳이에요. 조선의 정종 때 만들어졌어요.

승정원에서는 왕의 하루 일과와 왕이 지시한 내용, 각 부서에서 왕에게 보고한 내용과 신하들이 올린 상소문 등을 정리해 매일 일기를 썼는데, 이것을 모아 놓은 책이 바로 《승정원일기》예요. 일기를 쓰는 사람이 책임감을 갖게 하기 위해서 기록하는 관리의 이름을 적도록 했어요.

조선 전기부터 꾸준하게 썼지만 임진왜란˙과 병자호란˙ 때 많이 불에 타 없어졌어요. 오늘날에는 1623년 인조 때부터 1894년 고종 때까지를 담은 270여 년 동안의 일기만 남아 있어요. 하지만 이것만 하더라도 3243권이나 되기 때문에 하나의 기록물로는 세계에서 가장 양이 많아요. 조선 시대의 모습을 구체적으로 담고 있는 소중한 자료로 국보 303호예요. 2001년에는 유네스코 세계 기록 유산으로 지정되었어요.

《승정원일기》에는 왕과 신하들이 국정에 대해 논의한 내용, 왕에게 올린 상소문 등이 그대로 수록되어 있어서 조선의 역사를 연구하는 데에 귀중한 자료가 되고 있어요.

■ 임진왜란 ❍ 159쪽   ■ 병자호란 ❍ 79쪽

시무 28조 時務二十八條
고려 때 최승로가 올린 28가지 정치 개혁안

고려의 성종은 신하들에게 시행되기를 바라는 제도 등을 건의하도록 했는데, 그때 유학자 최승로가 건의한 것이 '지금 해야 할 28가지 개혁안'인 시무 28조예요. 오늘날에는 22가지만 전해지고 있어요. 연등회와 팔관회는 백성들에게 부담이 되기 때문에 중지하고, 호족˙이 백성들을 괴롭히지 못하도록 왕이 지방관을 보내어 다스려야 한다는 등의 내용을 담고 있어요. 성종은 이 건의를 받아들여 여러 제도를 정비했어요.

■ 호족 ○ 210쪽

10월 유신 十月維新
1972년 · 박정희 대통령이 장기 집권을 위해 내린 비상조치

1972년 10월 17일 박정희 대통령은 장기 집권을 위해 불법적으로 비상조치를 내렸어요. 국회를 해산하고 정당을 포함한 정치 활동을 금지한 것이지요. 또 헌법을 고쳐 직접 선거에서 간접 선거로 바꾸고, 대통령 임기도 3년에서 6년으로 늘렸어요. 이것을 10월 유신이라 하고, 이때 고친 헌법을 유신 헌법이라고 해요. 그리고 12월 23일, 박정희가 다시 대통령으로 당선되면서 제4공화국이 탄생했어요. 이후 박정희 정권은 1979년 10월 26일까지 이어졌어요.

신간회 新幹會

일제 강점기에 민족주의와 사회주의 세력이 연합해서 만든 독립운동 단체

1920년대에는 민족주의 세력과 사회주의 세력이 따로따로 독립운동을 펼쳤어요. 이 바람에 독립운동의 성과가 크게 나오지 않았는데, 1926년 6·10 만세 운동˙을 계기로 민족의 독립을 위해 서로 협력하자는 데 의견을 모았어요. 그래서 1927년 홍명희, 이상재 등이 중심이 되어 신간회를 세웠어요.

서울에 본부를 세우자마자 많은 사람들의 폭넓은 지지를 받아 1년 만에 전국 곳곳에 100여 개의 지회가 생기고, 2만 명이 넘는 회원이 가입하는 등 활발하게 활동했어요. 1930년에는 국내외를 통틀어 가장 큰 항일 운동 단체가 되었어요.

신간회는 일제와 타협하지 않고 전국을 돌며 강연하고, 야학을 열고, 계몽 운동도 펼쳤지요. 노동자의 임금에서 민족 차별을 없애기 위해서도 많은 노력을 했어요. 또한 1929년에 광주 학생 항일 운동이 일어나자 이를 도왔으며, 대규모 민중 대회를 준비하다가 지도자들이 체포되기도 했어요. 그런데 일제의 탄압이 더욱 거세지고, 내부에서는 이념 갈등이 심해지면서 1931년에 아쉽게도 해산되고 말았어요.

■ 6·10 만세 운동 ○ 142쪽

신미양요 辛未洋擾
1871년 · 미국 군함이 강화도에 침입한 사건

1866년에 미국의 상선 제너럴셔먼호"가 평양 대동강 근처에서 통상을 요구하다가 불타 버린 사건이 일어났어요. 미국은 이 사건을 핑계로 1871년 신미년에 군함 다섯 척을 이끌고 조선 정부에 통상과 손해 배상을 요구했어요. 그러나 조선 정부가 이에 응하지 않자, 미군은 강화도를 공격해 군사 진지들을 점령했어요. 그럼에도 조선 정부가 통상을 완강하게 거부하자 미군도 결국 물러났어요. 이후 흥선 대원군"은 전국 곳곳에 척화비를 세우고 쇄국 정책을 더욱 강화했어요.

■ 제너럴셔먼호 사건 ○ 170쪽   ■ 흥선 대원군 ○ 220쪽

신사 참배 神社參拜
일제가 조선인에게 신사에 가서 절하도록 강요한 일

신사란 일본의 조상신 등을 모신 사원이에요. 일본 천황을 모신 곳은 특별히 신궁이라고 불러요. 일본은 일제 강점기 말기에 조선 곳곳에 신사를 세우고는 강제로 신사 참배를 시켰어요. 신사 참배는 일본 천황에게 복종하겠다고 다짐하는 것이나 다름없기 때문에 민족 지도자나 종교 지도자들은 물론 많은 사람들이 반발했답니다.

신석기 시대 新石器時代

돌을 갈아서 도구를 만들어 쓰던 시기

구석기 시대* 이후부터 청동기 시대* 이전까지의 시기예요. 약 1만 년 전부터 기원전 3000년 무렵까지로, 우리나라에서는 대략 기원전 8000년쯤에 시작되었어요.

돌을 갈아서 만든 돌도끼나 돌칼 같은 간석기와, 동물의 뼈나 뿔로 만든 골각기인 창과 바늘 등을 사용했어요. 이렇게 도구가 발달하자 농사를 지을 수 있게 되었어요. 그 결과 먹을 것을 찾아 떠돌아다닐 필요 없이, 한곳에 머물 수 있게 되었지요. 농경과 정착 생활이 이루어지자 보다 큰 단위로 마을을 만들기 시작했어요. 사는 곳도 바뀌어 움집에 살면서 먹고 남은 곡식을 보관하는 빗살무늬 토기*도 만들었어요.

또한 사람들이 농사에 영향을 많이 주는 태양이나 비와 바람 등 자연을 숭배하면서 원시 신앙이 생겨났어요.

신석기 시대 사람들이 살았던 흔적은 경기도 하남 미사동, 서울 암사동, 평안남도 온천 궁산리, 황해도 봉산 지탑리 등에 남아 있어요.

서울 암사동 유적에 복원되어 있는 움집이에요. 집터는 원형과 네 모서리를 약간 줄인 말각방형 등으로, 땅 밑으로 약 50~100센티미터 정도 움을 판 형태예요.

■ **구석기 시대** ○ 26쪽
■ **청동기 시대** ○ 185쪽
■ **빗살무늬 토기** ○ 86쪽

신진 사대부 新進士大夫
고려 말에 새롭게 등장한 선비와 관료

고려 말에 등장해서 체제를 개혁하고 조선 건국을 이끌어 간 선비와 관료를 일컫는 말이에요.

13세기 말 고려는 원나라의 간섭으로부터 벗어나고, 부패한 권문세족˙ 때문에 어지러워진 나라를 바로 세우는 것이 급한 일이었어요. 하지만 왕은 원나라의 간섭을 받고 있고, 권문세족은 원나라와 한통속이었기에 쉽지 않았어요.

그런데 성리학˙이 들어오면서 새로운 유학을 배운 선비인 신진 사대부들에 의해 고려 사회는 변화하기 시작했어요. 이들은 학문적 교양과 정치적 능력을 갖춘 학자 관료였어요. 특히 공민왕 이후에는 성균관˙에서 유학을 공부한 학자들이 과거를 통해 관직에 많이 나왔어요. 이색, 정몽주˙, 정도전˙ 등이 대표적인 인물들이지요.

이들은 지방의 향리 출신들이 대부분이었어요. 권문세족 때문에 승진을 하기도 어려웠고, 많은 땅을 소유할 수도 없었지요. 따라서 권문세족에 대한 불만을 갖고 개혁을 요구했어요. 그리고 성리학에 따른 새로운 사회를 만들어야 한다고 생각해서 이성계˙를 중심으로 하는 신흥 무인 세력과 함께 고려를 무너뜨려요. 결국 자신이 태어난 고려의 문제점을 해결하기 위해 조선이라는 새로운 나라를 세운 셈이에요.

■ 권문세족 ○ 29쪽   ■ 성리학 ○ 101쪽   ■ 성균관 ○ 100쪽   ■ 정몽주 ○ 167쪽   ■ 정도전 ○ 165쪽
■ 이성계 ○ 151쪽

신채호 申采浩

1880~1936년 · 일제 강점기의 독립운동가, 역사학자, 언론인

호는 단재예요. 꼿꼿하고 곧은 글로 독립 정신을 북돋운 언론인이자 역사학자였어요. 성균관"에 들어가 공부하던 중, 1905년에 을사조약"이 체결되어 나라가 위기에 빠지자 〈황성신문〉"에 논설을 쓰기 시작했어요. 〈대한매일신보〉 주필로 활약하는가 하면 신민회와 국채 보상 운동"에도 참여했지요.

1910년 한·일 병합 조약"으로 식민지가 되자, 중국으로 망명, 독립운동을 벌였어요. 1920년대에는 만주 일대의 고구려 옛 땅을 찾아다니며 한민족의 고대사를 연구했어요. 이때 《조선 상고사》와 《조선사 연구초》라는 책을 썼어요. 박은식, 정인보와 함께 한국 근대 역사학의 기초를 세웠지요. 국사 연구에 큰 업적을 남기고 독립운동에 기여해서 1962년 건국 훈장 대통령장이 내려졌어요.

1919년에는 상하이 대한민국 임시 정부"에도 참여했으나, 이승만"의 '외교 독립론'에 반대해 탈퇴했어요. '독립 전쟁론'을 주장하며 신간회" 등에 참가해서 독립운동을 하던 중에 일본 헌병에게 붙잡혀, 뤼순 감옥에서 세상을 떠났어요.

■ 성균관 ○ 100쪽   ■ 을사조약 ○ 148쪽   ■ 황성신문 ○ 216쪽   ■ 국채 보상 운동 ○ 28쪽
■ 한·일 병합 조약 ○ 204쪽   ■ 대한민국 임시 정부 ○ 44쪽   ■ 이승만 ○ 152쪽   ■ 신간회 ○ 109쪽

신탁 통치 반대 운동 信託統治反對運動

8·15 광복 직후에 결정된 한반도 신탁 통치에 반대한 국민운동

신탁 통치란 국제 연합이 위임한 국가가 일정한 지역을 통치하는 제도예요. 1945년 광복 후 12월에 열린 모스크바 3국 외상 회의*에서 우리나라에 대한 4개국미국, 영국, 소련, 중국의 5년간 신탁 통치가 결정되었어요. 이를 위해 미·소 공동 위원회*를 구성한다고 했어요.

이제 겨우 독립을 한 우리 민족은 신탁 통치 결정을 받아들일 수 없었어요. 김구*를 비롯한 민족주의 계열의 인물들은 '신탁 통치 반대 국민 총동원 위원회'를 만들어 대대적인 반대 운동을 펼쳤어요. 그러나 좌익 쪽에서는 신탁 통치를 찬성하는 사람들이 생기면서 좌우 분열과 갈등이 일어났어요. 또한 미국과 소련의 냉전으로 미·소 공동 위원회는 3차례 회의 끝에 해체되었어요. 그 결과 한반도에는 점차 분단의 조짐이 보이기 시작했어요.

■ 모스크바 3국 외상 회의 ○ 61쪽
■ 미·소 공동 위원회 ○ 67쪽
■ 김구 ○ 35쪽

1945년 12월, 신탁 통치 반대 집회가 열렸어요. 대한민국 임시 정부에서는 이 신탁 통치 반대 운동을 '제2의 독립운동'으로 여길 정도로 중요한 문제였어요.

실학 實學

조선 후기, 백성들의 실생활에 도움이 되는 방법을 연구한 새로운 학문

임진왜란*과 병자호란*을 겪고 나서 조선 후기 사회는 몹시 어려워졌어요. 더구나 붕당 정치*와 관리의 부정부패로 백성들은 더욱 살기가 힘들어졌어요. 그런데도 당시의 유학자들은 이론과 예법만 따지며 싸우느라 백성들에게 제대로 도움을 주지 못했어요.

이때 백성들의 삶에서 멀어진 학문을 비판하면서 실제로 백성들이 잘 살 수 있고, 나라가 강해질 수 있는 방법을 생각하고 연구하는 학자들이 생겼어요. 실생활에 도움이 되는 학문인 실학이 등장한 것이지요. 실학자들은 사회의 모순을 개혁하기 위해 정치·경제·사회 등에 걸쳐 새로운 방안을 제시하고, 또 역사학·지리학·자연과학·농학 등을 연구했어요.

이들 중 이수광은 《지봉유설》이라는 백과사전을 지어 우리나라와 중국의 전통문화를 폭넓게 정리했어요. 또한 김육은 쌀로 세금을 받는 대동법이 자리 잡고 동전이 널리 쓰이도록 하는 데 힘썼어요.

18세기까지 이어진 실학은 크게 두 부류로 나뉘었어요. 농업을 중시하고 토지 제도를 개혁해야 한다고 주장하는 중농학파와 상공업 발전과 기술 개발에 힘을 기울여야 한다고 주장한 중상학파예요. 중농학파 실학자에는 《반계수록》을 쓴 유형원, 《성호사설》을 쓴 이익, 《목민심서》을 쓴 정약용* 등이 있고, 중상학파 실학자로는 《열하일기》를 쓴 박지원*, 《북학의》를 쓴 박제가 등이 있어요.

■ 임진왜란 ○ 159쪽   ■ 병자호란 ○ 79쪽   ■ 붕당 정치 ○ 83쪽   ■ 정약용 ○ 168쪽   ■ 박지원 ○ 74쪽

10·26 사태 十二六事態

1979년 · 박정희 대통령을 죽인 사건

1979년 10월 26일 밤, 중앙정보부의 궁정동 안전 가옥에서 당시 중앙정보부 부장이던 김재규가 박정희 대통령에게 총을 쏘아 죽인 사건이에요.

1961년 5·16 군사 정변*을 통해 정권을 잡은 박정희는 18년 동안 대통령으로 있으면서 독재 정치를 펼쳤어요. 특히 1972년 10월에는 전국에 비상계엄 국가에 위급한 상황이 닥쳤을 때 질서를 유지하기 위해 군대를 동원하는 것을 선포하고 영구 집권을 하려고 했는데, 이를 10월 유신*이라고 해요. 간접 선거로 대통령을 뽑는 유신 헌법을 만들어 죽을 때까지 대통령을 하겠다는 뜻이었지요.

이 같은 독재가 계속되자 반대하는 민주화 운동이 이어졌고, 1979년 부산과 마산, 창원에서는 대학생과 시민들이 크게 들고일어났어요. 민주주의를 바라는 국민들의 저항이 거세어지자 불안해진 김재규가 대통령을 죽인 거예요. 그 뒤 김재규는 체포되어 1980년에 사형을 당했어요. 이 사건으로 유신 체제가 무너지고 말았어요.

■ 5·16 군사 정변 ◑132쪽　　■ 10월 유신 ◑108쪽

아관 파천 俄館播遷

1896년 · 고종과 세자가 러시아 공사관으로 거처를 옮긴 일

1896년 2월 11일부터 1897년 2월 20일까지 친러 세력에 의해 고종과 세자가 러시아 공사관으로 옮겨서 머문 사건이에요.

1895년 명성 황후가 일본인에게 죽음을 당하는 을미사변*이 벌어졌어요. 이후 일본은 친일파를 앞세워 조선을 마음대로 하려고 들었어요.

이런 속에서 1896년 친러 세력들은 목숨이 위태롭다며 고종에게 세자를 데리고 러시아 공사관아관으로 옮기자고 설득했어요. 몸을 피한 고종은 김홍집과 유길준 등 친일파를 제거하고 친러파로 내각을 구성했어요.

고종과 세자가 몸을 피했던 1900년 무렵의 러시아 공사관이에요. 현재 서울의 정동에 있어요.

하지만 궁으로 돌아가기까지 머문 1년 동안 이번에는 러시아가 정치 간섭을 하며 이권을 챙겼어요. 이 무렵 러시아를 비롯해 미국과 일본 등 여러 나라에 광산 채굴권이나 철도 부설권, 삼림 채벌권 등을 빼앗겼어요. 이렇게 되자 독립 협회*를 중심으로 자주독립을 지키려는 사람들의 강력한 요구가 빗발쳐, 1897년 2월 고종은 다시 경운궁으로 돌아왔어요.

■ 을미사변 ○ 147쪽　　■ 홍범 14조 ○ 213쪽　　■ 독립 협회 ○ 46쪽

IMF 경제 위기

1997년 · 우리나라가 외환 위기에 빠지자 정부가 IMF에 자금 지원을 요청한 사건

1997년 우리 정부가 외환 위기를 겪으며 IMF 국제 통화 기금 에 자금을 요청한 사건이에요.

다른 나라와 무역을 하려면 외환 외국과의 거래에 쓰는 어음이나 달러화 이 필요한데, 1997년 당시 우리나라는 외환이 부족했어요. 그러자 환율이 큰 폭으로 오르면서 우리나라 화폐의 가치와 주식은 뚝 떨어졌어요. 국가 신용도도 떨어지고 외국인 투자자들은 우리나라에서 손을 떼기 시작했어요. 이렇게 되자 은행을 비롯해 문을 닫는 기업들이 늘어나면서 우리 사회는 불안에 떨었어요. 그러자 정부는 1997년 12월 3일 IMF에 긴급하게 자금 지원을 요청했어요. IMF는 돈을 빌려 주는 대신 시장을 개방하고 외국 기업에 대한 차별을 없앨 것 등을 조건으로 내세웠어요.

이후 IMF와 다른 나라들의 자금 지원을 받아 다급한 위기에서는 벗어났지만 이 과정에서 우리 기업들이 외국 자본에 팔리거나 합쳐졌고, 많은 노동자들이 일터를 빼앗겼어요.

이 외환 위기를 이겨 내기까지 몇 년의 시간이 걸렸고 우리나라 경제는 외국 자본에 완전하게 개방되고 말았어요.

안동 도호부 安東都護府
668년 · 멸망한 옛 고구려 땅에 당나라가 세운 통치 기관

고구려를 멸망시킨 당나라가 고구려의 옛 땅에 둔 최고 군정 기관이에요. 668년 신라와 함께 고구려를 멸망시킨 당나라는 옛 고구려 땅을 다스리기 위해 평양에 군사 2만 명과 함께 도호부라는 관청을 만들었어요. 또한 이미 멸망한 백제 지역은 물론 고구려 지역과 신라까지도 도독부라는 관청을 두어 자신들의 지배하에 두려고 했어요.

'안동'이란 동쪽을 편안히 한다는 뜻이에요. 결국 당나라는 신라와의 약속을 어기고 한반도를 지배하려는 속셈이 있었던 것이지요. 동맹을 맺으며 당과 신라는 대동강을 경계로 영토를 나누어 갖기로 약속한 일이 있거든요. 이를 눈치 챈 신라는 크게 반발하며 고구려 유민들을 끌어들여 당나라와 전쟁을 벌였어요.

결국 싸움에 진 당나라는 676년 평양에서 도호부를 철수하고, 요동 지방으로 옮겼어요. 그러다 경덕왕 때인 756년에 완전히 없앴어요.

안시성 싸움

645년 · 고구려에 침입한 당나라 군대를 안시성에서 물리친 싸움

645년에 안시성에서 고구려와 당나라 사이에 있었던 싸움을 말해요. 안시성은 삼국 시대에 고구려가 랴오허 강 유역에 설치한 방어용 성이에요.

수나라가 망하고 618년에 중국을 통일한 당나라는 태종 시대에 제국이라고 불릴 정도로 막강한 힘을 지니고 있었어요. 하지만 정변을 통해 고구려 28대 왕 보장왕을 세운 연개소문˚ 역시 쉽게 당나라에 굴복하려 들지 않았어요.

당나라 태종은 645년 연개소문의 정변을 핑계로 고구려로 쳐들어왔어요. 당 태종은 10만 대군을 이끌고 랴오허 강을 건너 요동성과 백암성을 차지하고는 안시성으로 향했어요. 그러나 안시성을 쉽게 함락하지 못하자 안시성 앞에 성보다도 높은 산을 흙으로 쌓았어요. 흙산을 타고 안시성으로 넘어 들어가려던 것이지요.

하지만 양만춘이 이끄는 안시성의 고구려 군대는 오히려 당나라의 흙산을 공격해 차지했어요. 결국 당나라는 안시성에서 실패해서 물러나고 말았답니다.

■ 연개소문 ○ 127쪽

안중근 安重根

1879~1910년 · 구한말의 독립운동가, 교육자

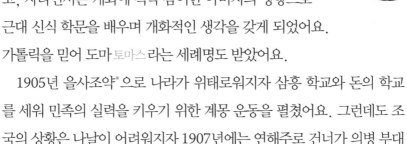

황해주 해주에서 태어난 안중근은 어려서는 할아버지에게 한학과 조선 역사를 배우며 민족의식을 키웠고, 자라면서는 개화에 적극 참여한 아버지의 영향으로 근대 신식 학문을 배우며 개화적인 생각을 갖게 되었어요. 가톨릭을 믿어 도마 토마스라는 세례명도 받았어요.

1905년 을사조약*으로 나라가 위태로워지자 삼흥 학교와 돈의 학교를 세워 민족의 실력을 키우기 위한 계몽 운동을 펼쳤어요. 그런데도 조국의 상황은 나날이 어려워지자 1907년에는 연해주로 건너가 의병 부대를 모집해 군사를 훈련하고 독립 전쟁을 이끌었어요.

1909년에는 뜻을 같이한 동지 열한 명과 함께 넷째 손가락 첫 마디를 자르고 독립운동을 맹세했어요. 같은 해 10월, 조선을 침략하는 데 앞장선 이토 히로부미가 만주 하얼빈에 온다는 소식을 들었어요. 그리고 10월 26일 하얼빈 역에 일본인으로 변장하고 몰래 들어가 이토 히로부미를 총으로 쏘아 죽이고 현장에서 체포되었지요. 뤼순 감옥에 갇혀 있다가 이듬해 2월 14일, 사형을 선고받고 3월 26일에 세상을 떠났어요.

안중근은 감옥 안에서도 한·중·일 삼국의 평화 공존을 주장하며, 왜 이토 히로부미를 죽일 수밖에 없었는지를 기록한 《동양평화론》을 썼어요.

■ 을사조약 ● 148쪽

안창호 安昌浩
1878~1938년 · 구한말 독립운동가, 교육자

호는 도산이고, 평안남도 강서에서 태어났어요. 열여섯 살에 청·일 전쟁*을 피해 서울로 내려왔다가 신식 학문을 배우고 기독교인이 되었지요. 1897년에는 독립 협회*에 들어가 사회 개혁 운동에 참여하고, 민중을 위한 강연을 하러 다녔어요. 일제의 탄압으로 독립 협회가 해체되자, 고향으로 돌아가 교육과 전도에 힘썼어요. 참된 교육자가 되기 위해서는 제대로 공부할 필요가 있다고 생각해 1902년 미국으로 건너갔고, 거기서 한인 공동 협회를 만들었어요.

1905년에 을사조약*을 맺었다는 소식을 듣고 이듬해에 귀국해서 양기탁, 신채호 등과 함께 비밀 단체인 신민회를 만들고, 평양에 대성 학교를 세웠어요. 105인 사건으로 1910년 신민회가 해체되자, 1913년에는 미국에서 흥사단을 조직했어요. 1919년 3·1 운동* 이후에는 대한민국 임시 정부*에 참여했고, 그 뒤에도 미국과 중국을 오가며 독립운동 단체를 조직하는 일에 힘썼어요. 1932년에는 윤봉길 의사의 훙커우 공원 폭탄 사건에 관련이 있다는 혐의를 받아 체포되었어요. 감옥에 갇혀 있다가 병 때문에 석방되었지만, 이듬해인 1938년에 세상을 떠났어요.

안창호는 독립을 위해 민족의 교육이 중요하다는 사실을 강조했어요. 미국에서도 많이 활동했기 때문에 로스앤젤레스에 그의 이름을 딴 거리와 우체국도 지어졌어요.

■ 청·일 전쟁 o 187쪽   ■ 독립 협회 o 46쪽   ■ 을사조약 o 148쪽   ■ 3·1 운동 o 94쪽

앙부일구 仰釜日晷

1434년 · 조선 시대에 사용하던 해시계

1434년 조선 세종˙ 때 장영실, 이천, 김조 등이 만든 대표적인 해시계예요. 이들이 처음 만든 앙부일구는 종로와 종묘에 각각 돌을 쌓아 만든 석대 위에 설치해 우리나라 최초의 공중 시계 역할을 했어요. 그러나 아쉽게도 임진왜란˙ 때 없어지고, 지금은 조선 후기 현종 때 만든 것과 영조˙ 때 만든 것만 전해지고 있어요.

솥 모양의 그릇 안쪽에 24절기를 나타내는 눈금을 새기고, 북극을 가리키는 바늘을 꽂아, 이 바늘의 그림자가 가리키는 눈금으로 시각을 알 수 있었어요. 시계 판이 가마솥처럼 오목하고, 이 솥이 하늘을 우러르고 있다고 해서 앙부일구라는 이름이 붙었다고 해요.

1985년에 보물 845호로 지정되었어요.

■ **세종 대왕** ○ 102쪽
■ **임진왜란** ○ 159쪽
■ **영조** ○ 129쪽

앙부일구는 작고 오목한 가마솥 모양을 한 해시계예요. 세종은 이 시계를 대궐 뿐 아니라 종로와 종묘 앞에 두어 백성들도 볼 수 있게 했어요.

애국 계몽 운동 愛國啓蒙運動

국권을 회복하기 위해 민족의 실력을 키우고자 했던 운동

1905년에서 1910년 사이에 펼쳐진, 국권을 회복하고 근대 국가를 건설하기 위해 실력을 기르도록 국민을 계몽하자는 운동이에요.

1905년 강제로 을사조약˚을 맺고 일본에게 외교권을 빼앗기자 전국 곳곳에서 일본에 저항하는 의병 운동˚이 일어났어요. 동시에 지식인과 관료들 사이에는 애국 계몽 운동이 일어났지요. 개항 후에 우리 민족이 여러 강대국의 침입에 굴복하지 않았는데도 일제에 국권을 빼앗기고 만 것은 '힘'과 '실력'이 부족했기 때문이라고 생각했어요.

그중에서도 애국 계몽 운동은 '실력만이 살길이다. 민족의 힘을 기르자.'며 교육을 실시하고 산업을 발전시켜 나라를 일으켜 세우자고 외쳤어요. 이런 운동은 보안회, 헌정 연구회, 대한 자강회, 신민회 등의 활동으로 나타났어요. 학교를 세워 새로운 학문을 가르쳤고, 경제 자립 운동, 국채 보상 운동˚ 등을 펼쳤어요.

■ **을사조약 ◐** 148쪽
■ **의병 운동 ◐** 149쪽
■ **국채 보상 운동 ◐** 28쪽

애니미즘 animism

모든 사물에 영혼이 있다고 믿는 원시 신앙

하늘이나 자연계의 모든 사물에 생명과 영혼이 있다고 믿는 원시 신앙의 한 형태예요.

신석기 시대˙에는 생물이든 무생물이든 자연계의 모든 사물에 영혼이 있다고 믿었어요. 이것은 신석기 시대 사람들이 농사를 짓기 시작한 것과 관련되어 있어요. 사람들은 농사에 영향을 많이 주는 태양이나 비, 바람이 많아지기를 바라면서 빌기 시작했어요. 이때부터 원시 신앙이 생겨났지요. 이것이 발전해 죽은 사람이나 태양이나 물 같은 자연, 호랑이나 곰 또는 나무와 같은 동식물에는 영혼이나 정령이 있다고 믿기 시작했어요. 그리고 기도를 올리거나 제사를 지내는 의식을 통해서 복을 빌고 불안과 두려움을 없애려고 했지요. 단군 신화에 등장하는 비나 구름의 신이 대표적이에요.

■ 신석기 시대 ● 111쪽

연개소문 淵蓋蘇文

?~665년 · 고구려 말기의 장군이자 정치가

연개소문은 아버지가 높은 관직인 막리지를 지낸 귀족 집안에서 태어났어요. 아버지가 죽자 연개소문은 그 직책을 이어받아 동부대인이 되었어요. 당나라에 대한 강한 입장 때문에 연개소문은 영류왕을 비롯해 다른 귀족들의 견제를 받아 천리장성을 쌓는 책임자로 임명되었어요. 이 일을 계기로 642년 연개소문은 정변을 일으켜 영류왕을 죽이고 보장왕을 세웠어요. 그리고 스스로 대막리지가 되어 행정과 군사를 장악하고는 나라를 다스리기 시작했어요.

그는 집권 초기 백제의 공격으로 골치를 앓던 신라가 도움을 청하자, 진흥왕¨ 시절 신라가 빼앗아 간 죽령 이북 땅을 돌려 달라며 오히려 외교 사절인 김춘추¨를 감옥에 가두기도 했어요. 뒷날에는 백제와 연합해서 신라를 공격하는 등 신라에 적대적이었어요.

당나라가 10만 대군을 끌고 침략하자 안시성 싸움¨ 등을 통해 물리쳤어요. 당나라는 이후에도 네 번이나 더 침략했지만, 그때마다 연개소문은 군사를 직접 지휘하며 전쟁터를 누볐어요. 660년 백제가 멸망한 뒤에 공격해 온 신라와 당나라의 연합군도 막아 냈지요.

그렇지만 666년 연개소문이 죽자, 곧 고구려도 멸망했어요. 연개소문의 아들들이 서로 권력을 차지하려고 다투는 내분이 일어났기 때문이지요.

■ 진흥왕 ● 178쪽   ■ 김춘추 ● 36쪽   ■ 안시성 싸움 ● 121쪽

영남 만인소 嶺南萬人疏

1881년 · 조선 고종 때 영남의 선비 1만여 명이 올린 상소문

1881년에 이민손을 중심으로 하는 영남 지방의 유생들이 정부의 개화 정책에 반대해서 올린 상소문이에요.

1880년에 2차 수신사로 일본에 다녀온 김홍집은 청나라 외교관 황준헌이 지은 《조선책략》을 고종에게 바쳤어요. 황준헌이 당시 국제 정세에 대한 자신의 생각을 적은 이 책에는 남하 정책을 펼치는 러시아를 멀리하기 위해서는 조선과 청나라, 일본, 미국이 연합해야 한다는 내용이 담겨 있었어요. 이 책을 본 고종은 그 내용을 받아들여 개화 정책을 실시했어요. 그러자 1881년에 영남의 많은 유생들이 개화 정책에 반대하는 상소를 올린 것이 바로 영남 만인소예요.

■ 수신사 ○ 105쪽

영조 英祖

1694~1776년(재위 1724~1776년) · 조선의 21대 왕

영조는 조선의 19대 왕인 숙종의 둘째 아들이에요.
몸이 약한 형 경종이 일찍 죽자 왕이 되었어요. 궁중의
허드렛일을 하는 무수리 출신인 어머니 때문에 반대하는
세력이 많았어요. 하지만 영조는 조선 시대의 왕들 가운데
가장 오랜 기간인 52년 동안 나라를 다스리며 많은 업적을 이루었지요.

그 시대에는 출신 지역이나 학파에 따라 세력 다툼을 벌이는 붕당 정치
˙의 문제가 심각했어요. 영조는 당파 간의 대립을 없애고 왕권을 강화하
기 위해 탕평책˙을 실시했어요. 당파를 가리지 않고 인재를 등용하기로
한 것이지요. 하지만 당파 싸움을 완전히 막지는 못했어요. 1762년 당파
싸움의 소용돌이 속에서 자신의 아들 사도 세자를 죽일 수밖에 없는 안타
까운 상황까지 벌어졌지요.

영조는 또한 학문에 힘써서 경연 왕과 신하가 학문과 국정을 토론하는 자리
을 가장 많이 연 왕이기도 해요. 왕으로 있는 동안 무려 3458번이나 열
었다고 해요.

영조는 백성들을 위해서도 많은 노력을 기울였어요. 1744년에는《속
대전》을 펴내어 잔인한 형벌을 큰 폭으로 축소시키고 1751년에는 균역
법˙을 발표해 백성의 군역 부담을 줄여 주었어요. 백성들의 억울한 일을
조금이라도 더 해결하고자 신문고 제도를 되살리기도 했어요.

■ 붕당 정치 ◐83쪽　　■ 탕평책 ◐196쪽　　■ 균역법 ◐31쪽

오산 학교 五山學校

1907년 · 독립운동가 이승훈이 세운 민족 독립 학교

오산 학교는 이승훈이 1907년에 평안북도 정주에 세운 사립 학교예요. 애국 계몽 운동˚의 뜻을 살려 민족정신을 북돋우고, 독립운동을 펼칠 인재를 기르기 위해서 세웠어요. 3·1 운동˚ 후 이승훈이 체포되자 일제는 오산 학교를 독립운동의 본거지라 여겨 학교를 탄압하기 시작했어요. 결국 일본 헌병들이 학교 건물을 불태워 1년 6개월 동안 폐교되기도 했지요.

1925년에 감옥에서 나온 이승훈이 초대 이사장으로 취임한 다음 명맥을 이어갔어요. 6·25 전쟁˚이 끝난 뒤에 부산으로 자리를 옮겨 오산 고등학교로 다시 태어났다가, 1956년에 지금 위치인 서울에서 자리를 잡았어요.

오산 학교는 김소월, 함석헌, 이중섭 같은 인물들을 배출했어요.

■ 애국 계몽 운동 ○ 125쪽
■ 3 · 1 운동 ○ 94쪽
■ 6 · 25 전쟁 ○ 143쪽

5·10 총선거 五十總選擧

1948년 · 광복 이후 남한에서 실시한 1대 국회의원 총선거

8·15 광복˚ 이후에 구성된 미·소 공동 위원회˚는 신탁 통치 반대 운동˚ 등으로 별다른 성과 없이 해산되었어요. 그러자 미국은 한국 문제를 국제 연합 유엔 에 맡겼어요. 유엔 총회는 9개국으로 이루어진 유엔 한국 임시 위원단의 감시를 받으며 남북한 총선거를 실시하고, 통일 독립 정부를 세우라는 안건을 통과시켰어요.

하지만 소련의 반대로 북한 지역에서는 유엔 한국 임시 위원단이 활동할 수 없었어요. 남한에서도 주장이 나뉘었어요. 이승만˚은 남쪽에서만이라도 총선거를 하자고 했고, 김구˚와 김규식은 북한과 계속 협상해서 통일 정부를 세우자고 했어요.

1948년 4월 평양에서 남북한 정치 지도자들이 모이기는 했지만, 의견을 모으

광복 이후 남한에서만 실시된 5·10 총선거 결과 198명의 국회의원이 선출되었어요.

지는 못했어요. 남한만의 총선거를 하자는 결정에 대한 반대가 거셌지만, 미 군정은 5월 10일에 총선거를 시행했어요. 이로써 대한민국 제헌 국회가 만들어졌어요. 1948년 8월 15일 남한에는 대한민국 정부가, 그리고 9월 9일에는 북한에 조선 민주주의 인민공화국이 세워졌어요.

■8·15 광복 ○ 201쪽   ■미·소 공동 위원회 ○ 67쪽   ■신탁 통치 반대 운동 ○ 114쪽
■이승만 ○ 152쪽   ■김구 ○ 35쪽

5·16 군사 정변 五一六軍事政變

1961년 · 박정희 등 일부 군인이 정변을 일으켜 정권을 장악한 사건

    1961년 5월 16일 육군 소장 박정희를 중심으로 한 일부 군부 세력이 군사 정변을 일으켜 정권을 잡았어요. 이날 일부 군인들은 한강 대교에서 총격을 벌인 뒤 정부 주요 기관과 방송국을 장악했어요. 이들은 군사 혁명 위원회를 조직한 다음 6개항의 혁명 공약을 발표하고 장관과 시장, 도지사 등을 모두 군인으로 바꾸고, 국가 재건 최고 회의를 만들어 국가 기관을 대신하겠다고 했어요.

    군사 정변 세력은 4·19 혁명˚으로 들어선 장면 정부로부터 정권을 빼앗은 거지요. 이들은 '반공'을 최우선 과제로 내세워 북한과의 평화 협상을 주장했던 통일 운동 세력 2100여 명을 체포하고 학술이나 종교 단체 몇 개를 빼고는 모든 정당과 사회단체를 해산시켰어요. 또한 국회를 해산하고 모든 정치 활동을 금지시켰으며 1170종의 신문과 잡지도 강제로 폐간시켰어요.

1961년 5월 16일, 박정희 소장이 군사 정변을 일으키고 2년 후 대통령이 되었어요.

    이렇게 2년 6개월 동안 군사 통치를 하며 반대 세력을 몰아낸 다음 1963년 12월, 박정희는 대통령이 되어 이후 18년 동안 독재 정치를 한답니다.

■ 4·19 혁명 ● 90쪽

5·18 민주화 운동 五一八民主化運動

1980년 · 전라남도와 광주 시민들이 군사 독재 정치를 반대하며 벌인 민주화 운동

1980년 5월 18일에서 27일까지 전라남도와 광주 지역의 학생 및 시민들이 민주화를 요구하며 벌인 민주화 운동이에요.

5·16 군사 정변°으로 정권을 잡은 박정희가 18년 동안이나 독재 정치를 펼치다가 10·26 사태°로 세상을 떠나자 국민들은 민주화가 이루어질 것으로 기대했어요. 하지만 전두환이 군대를 동원해 권력을 잡으면서 국민들의 자유와 정치 참여를 제한했어요. 그러자 전국에서 반대 시위가 일어났어요.

이에 전두환과 노태우 등이 중심이 된 신군부 세력은 5월 17일에 전국으로 비상계엄을 확대하고 민주화 운동 지도자들을 모두 잡아들였어요. 이에 전라남도 광주 지금의 광주광역시에서는 학생들이 민주화를 요구하는 시위를 벌였어요. 그러자 군인들이 대학생들을 무조건 잡아서 때리는 등 강경 진압을 했어요. 시민들은 학생들이 잘못도 없이 매를 맞고 잡혀가는 것을 보고 분개했어요. 그래서 시민들이 들고 일어나 군인들과 맞서 싸웠고, 광주 일대는 시민들이 장악하게 되었어요. 그러나 5·18 민주화 운동은 대규모 진압군에 의해 막을 내렸어요.

5·18 민주화 운동은 비록 많은 사람들의 희생이 따랐지만, 민주주의를 향한 우리 국민의 노력과 의지를 보여 준 사건이었어요.

■ 5·16 군사 정변 ○ 132쪽   ■ 10·26 사태 ○ 116쪽

왕건 王建

877~943년(재위 918~943년) · 후삼국을 통일하고 고려를 세운 왕

왕건은 고려 태조로 936년 후삼국을 통일한 왕이에요. 왕건은 신라 말 나라가 몹시 혼란스러울 때 송악 지금의 개성 에서 태어났어요. 열여덟 살 때 궁예의 부하로 들어가 후백제의 군대를 물리치고 후고구려의 영토를 지금의 경기도와 충청도, 금성 전라남도 나주 과 진도까지 넓히는 등 큰 공을 세웠어요.

한편 궁예는 스스로를 미륵이라 하고 자신을 반대하는 사람들을 죽이는 등 점점 민심을 잃었어요. 신하들은 포악해진 궁예를 쫓아내고 왕건을 새로운 왕으로 떠받들었지요. 918년 왕건은 나라 이름을 고구려를 계승한다는 뜻으로 고려라 정하고, 왕위에 올랐어요. 이어 수도를 송악으로 옮기고 군대의 규율을 엄격하게 해서 백성들을 보호했으며, 세금을 줄여 생활을 안정시켰어요. 불교를 장려해 백성들의 마음을 하나로 모으기도 했어요. 또 후삼국을 통일하고, 발해 사람들도 적극적으로 받아들여 영토를 평양 지역까지 넓혔어요.

왕건은 고구려의 옛 영토를 찾기 위해 북진 정책을 펼쳤고, 훈요십조˙를 지어 다음 임금들이 나라를 다스릴 때 교훈으로 삼도록 했어요.

■ 훈요십조 **○** 218쪽

용비어천가 龍飛御天歌
1445년 · 조선 왕조의 건국과 번영을 칭송한 노래

한글로 쓰인 최초의 작품으로, 조선 왕조의 건국과 번영을 칭송한 노래예요. 1445년 세종 대왕˙이 훈민정음˙을 만들고 세상에 퍼뜨리기 전에 지어 낸 것으로, 한글의 가장 오래된 모습을 찾아볼 수 있어요. 그래서 15세기 한글을 연구하는 데 좋은 자료가 되지요.

《용비어천가》는 모두 125장으로 이루어져 있으며, 세종 대왕이 정인지와 권제, 안지 등에게 만들도록 했어요. 이 노래에는 조선 왕조가 나라를 세운 데 대한 정당성과 무궁한 발전을 기원하는 내용들이 담겨

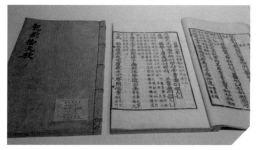

《용비어천가》는 세종 때 지은 것으로, 훈민정음으로 기록된 최초의 작품이에요. 보물 1463호로 지정되었어요.

있어요. 이성계의 고조할아버지부터 아버지에 이르는 4대 조상과 태조 이성계, 태종 이방원까지의 업적을 찬양하고, 마지막 부분에는 방탕한 생활로 나라를 잃은 중국 왕들의 모습을 보여 주어 다음 왕들이 조선을 잘 지키도록 당부한 것이지요.

■ 세종 대왕 ○ 102쪽   ■ 훈민정음 ○ 217쪽

운요호 사건 雲楊號事件

1875년 · 일본 군함 운요호가 강화도로 침입해 조선군과 일본군이 충돌한 사건

1875년 일본 군함 운요호가 조선의 강화도 앞바다에 불법으로 침입해 조선군과 일본군이 충돌한 사건이에요. 일본의 군함 운요호는 조선 해안을 조사하기 위해 왔다는 핑계로 강화도 남쪽 해변을 떠돌았어요. 이에 강화도 해협을 지키던 조선 군인들이 침입해 오는 일본 배를 향해 접근하지 말라는 경고를 보냈어요. 그러나 일본 배는 조선군의 경고를 무시

운요호가 강화도에 착륙해 공격하는 모습을 그린 1877년의 그림이에요.

하고 강화도의 초지진까지 들어왔고, 마침내 조선군이 대포를 쏘며 공격했어요. 그러자 일본 배는 단숨에 초지진을 점령하고 영종진 지금의 인천 국제공항 근처 에 상륙해 조선 수군을 공격했어요. 그리고 죄 없는 조선 사람들을 죽이고 집들을 불태우는 등 큰 피해를 입히고 일본으로 돌아갔어요.

그 뒤 일본은 다시 강화도 앞바다에 군함을 보내 운요호 사건의 책임을 물으며 통상을 요구했고, 1876년에 강제로 강화도 조약*을 맺었어요.

운요호 사건은 일본이 조선을 개항시키기 위해 계획적으로 벌인 일이에요. 국력이 약한 조선은 불법으로 침입한 일본의 강요로 불평등한 외교 관계를 맺고 문호를 개방할 수밖에 없었어요.

■ 강화도 조약 ㅇ 15쪽

웅진 도독부 熊津都督府

백제를 멸망시킨 뒤 당나라가 백제의 옛 땅을 다스리기 위해 설치한 통치 기관

당나라가 자신들이 빼앗은 지역을 다스리기 위해 설치한 통치 기관을 도독부라고 하는데, 웅진 도독부는 당나라가 신라와 함께 백제를 멸망시킨 뒤 백제의 옛 땅인 웅진 지금의 공주에 설치한 도독부를 말해요.

660년, 당나라는 신라를 도와 백제를 공격했어요. 두 나라는 군대를 하나로 합쳐 나·당 연합군을 만들어 백제를 무너뜨렸어요. 그러나 당나라는 신라와의 약속을 어기고 백제를 직접 다스리겠다며 5개의 도독부를 설치했어요. 웅진 도독부는 그 가운데 가장 중심이 되는 최고 통치 기관이었어요. 그러나 신라가 당나라와 전쟁을 벌여 백제의 남은 영토를 완전히 장악하면서 도독부는 모두 없어졌어요.

당나라는 옛 고구려 땅에는 '도호부'를 설치했어.

원효 元曉

617~686년 · 불교의 대중화에 힘쓴 통일 신라의 승려

통일 신라 시대의 승려로 성은 설, 이름은 서당이며, 스님이 된 뒤에는 원효라고 했어요.

원효는 삼국이 한창 전쟁을 치르던 때에 신라에서 태어났어요. 비록 신라가 삼국을 통일했지만, 백성들은 오랜 전쟁으로 고통을 겪었어요. 원효는 고통 받는 백성들을 구원하기 위해 여러 불교 경전을 공부해서 우리나라 불교를 대표하는 스님이자 학자가 되었어요.

원효가 불경을 배우기 위해 의상과 함께 당나라로 유학을 가던 중 토굴에서 물을 마신 일이 있었어요. 그런데 다음 날 아침 깨어 보니 그 토굴은 무너진 무덤이었고, 간밤에 마신 물은 해골에 고여 있던 썩은 물이었어요. 원효는 그때 '진리는 결코 밖에 있는 것이 아니라 내 안에 있다.' 는 사실을 깨달았어요. 그래서 유학을 포기하고 돌아와 자신의 깨달음을 널리 알리기 위해 노력했답니다.

한편, 원효는 태종 무열왕의 둘째 딸 요석 공주와 결혼해서 설총˚을 낳았어요. 본래 스님은 결혼을 할 수 없었기 때문에, 그 뒤 원효는 스스로 승복을 벗고 저잣거리를 돌아다니며 불교를 전파하는 일에 몰두했어요. 그리고 일생 동안 《금강삼매경론소》를 비롯해 150여 권의 책을 남겼고, 여러 갈래로 나누어졌던 불교 사상을 하나로 정리하는 등 우리나라 불교를 크게 발전시켰어요.

■ **설총 ○** 99쪽

위정척사 衛正斥邪

조선 말기에 성리학을 지키고 외세와 서양 문물을 물리치자는 사회 운동

위정척사란 바른 것을 세우고 사악한 것을 물리친다는 뜻이에요. 이때 바른 것은 성리학˙이고, 사악한 것은 성리학을 제외한 모든 종교와 사상이었어요. 곧 서양 세력과 문물을 물리치고 성리학을 지킬 것을 주장하며 일어난 조선 말기의 사회 운동이에요.

주로 유학을 공부하는 유생들과 개화 정책으로 피해를 입은 백성들이 중심이 되었는데, 서양 문물이 전통적인 유교 사상을 무너뜨리고 농촌을 파괴해 나라를 망하게 할 것이라며 서양 문물을 거부하고 전통 관습을 지키자고 주장했어요.

위정척사 운동은 오랜 기간 계속되었는데, 1860년대에는 서양과의 교역을 반대했고, 1870년대 강화도 조약˙을 맺을 무렵에는 개항을 반대했어요. 또 1880년대에는 정부의 개화 정책에 반대해 영남 만인소˙ 사건이 일어났으며, 1890년대 이후로는 일본의 침략이 노골적으로 드러나자 위정척사 운동이 항일 의병 운동˙으로 이어졌어요.

성리학
YES

서양 학문과 종교
NO

■ 성리학 ○ 101쪽
■ 강화도 조약 ○ 15쪽
■ 영남 만인소 ○ 128쪽
■ 의병 운동 ○ 149쪽

위화도 회군 威化島回軍

1368년 · 이성계가 위화도에서 군사를 돌려 권력을 장악한 사건

고려 말기에 요동 정벌에 나선 이성계가 압록강 위화도에서 군사를 돌려 개경으로 들어와 반대파인 최영을 죽이고 정권을 잡은 사건을 말해요. 회군은 '군사를 되돌리다.'라는 뜻이에요.

1368년에 원나라를 멸망시키고 중국 대륙을 차지한 명나라는 고려에 철령 이북의 땅을 넘겨 달라고 요구했어요. 명나라의 이런 요구에 고려의 관료들은 두 가지 의견으로 나뉘었어요. 최영은 명나라의 요구를 거절하고 이번 기회에 옛 고구려의 영토인 요동 지역을 명나라로부터 빼앗자고 했어요. 반면에 이성계는 요동을 정벌할 수 없는 네 가지 이유인 '4불가론'을 내세우며 반대했어요. 그 네 가지 이유는 '작은 나라가 큰 나라를 공격하는 것은 옳지 않다.', '여름철에는 군사들을 동원할 수 없다.', '요동을 공격하는 동안 남쪽에서 왜구가 공격해 올 것이다.', '장마철이라 활이 눅어 제대로 쓸 수 없으며 병사들 사이에 전염병이 유행할 것이다.' 등이었어요.

하지만 우왕은 요동을 정벌하기로 결정했고, 이성계는 5만 명의 군사를 끌고 요동으로 출발했어요. 그러나 이성계는 압록강 위화도에 머물며 장마로 강물이 불어 더 이상 앞으로 나아갈 수가 없다면서 시간을 끌다가 군사를 돌려 개경으로 와서 최영을 죽이고 우왕을 몰아낸 뒤에 권력을 잡았어요. 이후 정도전˙, 조준 등 신진 사대부˙들과 손을 잡고 고려를 멸망시키고 조선을 세웠어요.

■ **정도전** ○ 165쪽　■ **신진 사대부** ○ 112쪽

6월 민주 항쟁 六月民主抗爭

1987년 · 독재 정치를 반대하며 민주화를 요구한 시민운동

1987년 6월 10일부터 29일까지 전국적으로 독재 정치를 반대하며 민주화를 요구한 시민운동이에요. 5·18 민주화 운동* 이후 신군부 세력은 간접 선거를 통해 전두환을 대통령으로 세웠어요. 이어서 노태우까지 같은 방법으로 대통령이 되려고 했어요. 그러자 국민들은 국민들이 직접 대통령을 뽑을 수 있도록 헌법을 고치라며 시위를 벌였어요. 또한 이 무렵 서울대학교 학생인 박종철이 고문을 당하다 죽은 사건이 일어났어요. 이 사실을 알게 된 국민들은 크게 분노하며 6월 10일에 거리로 나와 이 사건을 규탄하는 범국민 대회를 열었어요. 이날을 출발점으로 해서 1987년 6월 내내 전국에서 100만 명 이상이 시위에 참여하는 범국민 민주화 시위가 전개되었는데, 이것이 바로 6월 민주 항쟁이에요.

6월 민주 항쟁의 결과 전두환 정부는 1987년 6월 29일 직선제 개헌을 하겠다고 약속했어요. 이것을 6·29 선언이라고 해요. 이로써 우리나라는 군사 독재 정치를 끝내고 평화적으로 정권을 교체할 수 있는 길을 열었지요. 더불어 우리나라의 민주주의는 4·19 혁명*에 이어 5·18 민주화 운동, 6월 민주 항쟁을 거치면서 점차 발전해 오늘에 이르렀어요.

■ 5·18 민주화 운동 ❍ 133쪽   ■ 4·19 혁명 ❍ 90쪽

6·10 만세 운동 六十萬歲運動

1926년 · 순종의 장례일에 일어난 독립운동

1926년 4월 26일, 조선의 마지막 임금이었던 순종은 나라를 잃은 슬픔 속에서 살다 세상을 떠났어요. 국민들 또한 나라를 빼앗긴 아픔에다 임금의 죽음까지 겪게 돼 큰 설움에 잠겼지요. 이때 사회주의 계열과 민족주의 계열의 독립운동가들은 각각 6월 10일 순종의 장례일에 맞춰 독립운동과 거리 시위를 벌이기로 계획했어요. 마침내 6월 10일, 장례 행렬이 지나갈 때 2만 4천 명에 이르는 학생들이 먼저 거리로 뛰쳐나와 '조선 독립 만세'를 불렀어요. 그러자 일반 시민들까지 합세해 시위가 확산되었는데, 이것이 바로 6·10 만세 운동이에요.

1926년 순종의 장례일인 6월 10일에 만세 운동이 일어났어요. 일본 경찰이 만세 시위를 벌이려는 군중을 진압하고 있어요.

6·10 만세 운동은 치밀하게 준비한 독립운동이었어요. 비록 일제가 군대까지 동원해 시위를 무자비하게 진압하는 바람에 가로막혔지만, 3·1 운동 이후 힘을 잃어 가던 민족 운동에 활력을 불어넣었다는 데에 의미가 있어요. 또한 이후 좌우파 독립운동 세력이 힘을 모아 신간회를 만드는 계기가 되었지요.

■ 3·1 운동 ㅇ 94쪽   ■ 신간회 ㅇ 109쪽

6·25 전쟁 六二五戰爭

1950년 · 남한과 북한 사이에 일어난 전쟁

8·15 광복 이후 우리나라는 북위 38도 선을 경계로 남한과 북한 둘로 나누어졌고, 사이까지 나빠져 같은 민족이지만 서로를 적이라고 생각하게 되었어요. 그래서 38도 부근에서는 크고 작은 싸움이 끊이질 않았어요.

마침내 1950년 6월 25일 일요일 새벽, 북한이 남한을 무력으로 통일하려고 전쟁을 일으켰는데, 이것이 바로 우리 민족끼리 총칼을 들이댄 비극의 역사, 6·25 전쟁이에요. 한국 전쟁이라고도 해요. 전쟁은 북한이 한반도 전체를 공산화하기 위해 탱크를 몰고 내려와서 시작되었고, 무기력했던 남한은 전투가 시작된 지 불과 사흘 만에 서울을 빼앗기고 낙동강 유역까지 후퇴했어요.

한편 한반도에 전쟁이 터졌다는 소식을 들은 미국은 유엔 안전보장 이사회에 유엔군을 보내자고 제안했어요. 그래서 유엔군이 창설되고, 미

국의 맥아더 장군이 총사령관으로 임명되어 국군과 함께 인천 상륙 작전을 펼쳐 성공을 거두지요. 이로써 남한은 서울을 되찾고9·28 서울 수복, 계속 북한으로 진격해 들어가 평양을 점령하고 압록강까지 올라갔어요.

그러나 압록강까지 밀린 북한군이 중국에 도움을 요청했고, 중국군이 끼어들면서 전쟁 상황은 역전되었어요. 결국 국군과 유엔군은 남쪽으로 철수했고, 1951년 1월 4일 서울을 다시 북한군에게 내주기도 했어요. 이것을 1·4 후퇴라고 해요. 이후 현재의 군사 분계선을 경계로 지리하게 전쟁만 길어지자 북한군과 유엔군은 1953년 7월 27일 휴전 협정을 맺었어요. 남한은 이승만 대통령이 휴전을 거부해 협정에 참가하지 않았어요.

3년 1개월간의 치열한 전쟁으로 남북은 많은 상처와 피해를 입어 수백만 명의 사상자와 전쟁고아가 생겼으며, 이산가족도 1천만 명이 넘었어요. 경제적으로도 손실이 커서, 산업 시설이 파괴되고 국토가 황폐해졌을 뿐만 아니라 전쟁 기간 동안에 농사를 지을 수 없어 식량이 부족했고, 수많은 공장과 도로, 철도의 파괴로 생필품 생산량도 크게 부족했어요. 정신적인 피해도 매우 심각해서 남한에서는 북한과 관련된 사람들을 '빨갱이'로, 북한에서는 남한 사람들을 '반동분자'로 몰아 죽이는 등 민족 간의 불신과 적대 감정이 깊어졌어요. 또 임시로 나눈 38선이 지금까지 휴전선으로 굳어지면서 세계 유일의 분단국가로 남아 있답니다.

6 · 15 남북 공동 선언 六一五南北共同宣言

2000년 · 김대중 대통령과 김정일 국방위원장이 발표한 남북 공동 선언

2000년 6월 15일 대한민국의 김대중 대통령과 북한의 김정일 국방위원장이 만나 의논해서 발표한 외교 문서예요.

6 · 25 전쟁" 이후, 통일 문제는 별다른 진전을 보이지 않았어요. 그러던 중 김대중 대통령이 남북이 교류하고 협력해서 관계를 개선해 가자는 정책을 펼쳤어요. 이것을 햇볕 정책이라고 하는데, 그 영향으로 분단 이후 최초로 평양에서 남북 정상 회담이 열렸어요. 여기서 6 · 15 남북 공동 선언을 발표하게 되었지요.

남북 공동 선언에서는 통일 문제를 우리 민족끼리 자주적으로 해결해 나가고, 서로의 사상과 이념이 다른 것을 인정하고 존중하면서 통일을 이루어 나가자고 했어요. 이 선언에는 또한 이산가족 상봉과 남북의 경제 협력을 포함, 사회·문화·체육 등 여러 분야의 교류를 진행하기로 했어요. 그 결과 남북 협력 사업이 활성화되어 경의선 복원이 추진되었고, 개성에 남한 기업의 공업 단지가 조성되었으며 금강산 관광 사업도 추진했어요.

김대중 대통령은 북한과의 정상 회담을 이끌고 햇볕 정책으로 한반도의 평화를 증진시킨 공로로 2000년 노벨 평화상을 받았어요.

■ 6 · 25 전쟁 ○ 143쪽

을미개혁 乙未改革

1895년 · 명성 황후 시해 사건 이후 조선 사회를 근대 사회로 바꾸려는 개혁 조치

1894년 갑오년 부터 1896년 사이에 세 차례에 걸쳐 이루어진 개혁 조치를 갑오개혁"이라고 하지요. 그 가운데 1895년 을미사변" 직후에 이루어진 세 번째 개혁을 을미개혁이라고 불러요.

을미개혁은 일본이 명성 황후를 시해한 뒤 김홍집, 유길준, 서광범 등 친일파를 중심으로 추진했어요. 주요 내용을 보면 음력을 폐지해 양력으로 바꾸고, 건양이라는 연호를 사용하며, 소학교를 설치하고, 종두법을 실시하며, 군대를 개편하는 것 등이었어요. 그 가운데 가장 중요한 것은 단발령을 공포해 상투를 자르게 한 조치였어요. 이에 유림들이 크게 반발하며 나서자 일본은 조선 사람들을 강제로 잡아다 상투를 잘랐어요. 이런 강압적인 조치에 조선인의 분노가 폭발해 전국 곳곳에서 의병 투쟁이 일어났어요. 이런 분위기를 틈타 고종이 러시아 공관으로 간 아관 파천"이 일어나자 을미개혁은
중단되고 말았어요.

■ 갑오개혁 ○ 14쪽
■ 을미사변 ○ 147쪽
■ 아관 파천 ○ 118쪽

을미사변 乙未事變

1895년 · 일본의 자객들이 경복궁을 습격해 명성 황후를 죽인 사건

당시 일본, 청나라, 러시아 세 나라는 조선을 손아귀에 넣기 위해 서로 팽팽한 대결을 벌이고 있었어요. 특히 갑오개혁˚으로 조선에 깊숙이 간섭하고 있던 일본은 먼저 청나라부터 누르려고 청·일 전쟁˚을 일으켰어요. 일본은 청·일 전쟁에서 승리한 뒤 청나라 땅인 랴오둥 반도까지 빼앗았어요. 그러자 러시아가 독일, 프랑스와 힘을 합쳐 일본에게 청나라에서 빼앗은 랴오둥 반도를 돌려주라며 압력 삼국 간섭을 넣었어요. 일본은 세 나라를 모두 상대할 힘이 없었기 때문에 랴오둥 반도를 청나라에게 돌려주지요.

이 사건을 보고 조선은 러시아를 이용해 일본의 간섭으로부터 벗어나려고 했어요. 그래서 고종과 명성 황후를 중심으로 친러 정책들을 펼쳐 나갔어요. 이에 화가 난 일본은 친러 정책의 중심인물인 명성 황후를 죽이기로 하고, 1895년 10월 8일 새벽 자객들을 보내 명성 황후를 무참하게 살해했어요. 이 사건을 일으키고 군대를 서울에 주둔시킨 일본은 다시 친일 세력인 김홍집을 내세워 을미개혁˚을 추진했어요.

■ 갑오개혁 ○ 14쪽   ■ 청·일 전쟁 ○ 187쪽   ■ 을미개혁 ○ 146쪽

을사조약 乙巳條約

1905년 · 일본이 대한 제국의 외교권을 빼앗기 위해 강제로 맺은 조약

을사년인 1905년에 일본이 우리의 외교권을 빼앗기 위해 강제로 맺은 조약으로, 정식 명칭은 '제 2차 한·일 협약'이에요. 을사 보호 조약, 을사 늑약이라고도 해요.

일본은 삼국 간섭과 아관 파천˚으로 러시아가 자신들을 가로막자 러시아를 누르고 싶었어요. 그래서 러시아와 전쟁을 일으키고, 조선과는 강제로 한·일 의정서를 체결한 뒤 한반도를 군사적으로 자유롭게 이용해 마침내 전쟁을 승리로 이끌었어요. 또한 일본은 미국, 영국 등 세계열강으로부터 한반도에 대한 권리를 인정받기 위해 그들과 여러 조약을 맺고, 러·일 전쟁˚에서 패한 러시아와는 포츠머스 조약을 맺어 '한반도는 일본이 지배한다.'는 확인까지 받았어요.

이후 일본은 조선을 보호국으로 만들기 위해 1905년 고종과 대신들을 협박해서 또다시 강제로 조약을 맺는데, 이것이 바로 을사조약이에요. 특히 고종이 조약의 내용이 불평등하다며 수락하지 않자 고종이 참석하지 않은 가운데 위협적인 분위기를 만들어 강제로 조인하게 했어요. 이 조약으로 조선의 외교권은 일본에 넘어갔어요. 일본은 을사조약에 근거해 통감부를 설치했으며, 우리나라는 사실상 일본의 보호국이 되었어요.

한편 고종은 을사조약이 무효임을 주장하기 위해 네덜란드 헤이그에서 열린 만국 평화회의에 이상설, 이준, 이위종을 특사˚로 보냈어요.

■ **아관 파천 ○** 118쪽 　 ■ **러·일 전쟁 ○** 56쪽 　 ■ **헤이그 특사 ○** 209쪽

의병 운동 義兵運動

대한 제국 때 일본의 침략에 맞서 백성들이 군대를 만든 운동

나라가 위급할 때 백성들은 스스로 나서서 나라를 구하려고 군대를 만들기도 하는데 이런 군대 또는 군대의 병사들을 의병이라고 해요. 우리나라의 의병은 대한 제국˚ 시절에 활발하게 활동했는데, 1895년 을미개혁˚과 단발령에 반대해서 시작되었어요. 이때의 의병을 을미 의병이라고 해요.

그 뒤 1905년 을사조약˚이 체결되면서 의병 운동이 본격적으로 일어났는데, 이때의 의병은 을사 의병이라고 하지요. 을사 의병 때는 관리를 지냈던 사람이나 평민 등 모든 국민이 의병으로 활동했어요. 그중에 평민 출신으로 의병장을 지낸 신돌석의 활약이 가장 두드러졌어요. 신돌석은 전투 능력이 뛰어나고 무예가 탁월해 일본군에게 공포의 대상이었다고 해요.

이후 일본이 헤이그 특사˚를 이유로 고종을 황제의 자리에서 내려오게 하고 대한 제국의 군대를 강제로 해산시키자, 그때 군인이었던 사람들이 의병에 가담하면서 의병의 규모가 커졌으며 전투력도 크게 향상되었어요. 이때의 의병을 정미 의병이라고 하는데, 이들은 근대적인 무기를 갖추고 조직적으로 싸웠기 때문에 단순한 의병을 넘어 의병 전쟁이라고 부를 만큼 발전했어요. 활동 영역도 국내뿐만 아니라 간도와 연해주 등 국외까지 확대되었고, 이것은 훗날 무장 독립 투쟁의 기반이 되었습니다.

■ 대한 제국 ○ 43쪽　　■ 을미개혁 ○ 146쪽　　■ 을사조약 ○ 148쪽　　■ 헤이그 특사 ○ 209쪽

이봉창 李奉昌

1900~1932년 · 일본 왕의 마차에 폭탄을 던진 독립운동가

　일제 강점기에 활동한 독립운동가예요. 가난한 집안에서 태어난 이봉창은 어려서 일본인이 경영하는 제과점에서 일하며 주인에게 학대를 받았어요. 청년이 되어서는 좀 더 나은 일자리를 구하려고 일본으로 건너갔지만, 조선인이라는 이유로 차별하고 업신여겨 참을 수가 없었어요.

　이봉창은 자신이 받은 수모가 일본에게 나라를 빼앗겼기 때문이고 생각하면서, 반드시 나라를 되찾아야겠다는 각오로 1931년 대한민국 임시 정부"가 있는 상하이로 건너갔어요. 그곳에서 김구"를 만나 한인 애국단"에 들어가, 일본 천황 히로히토를 암살하기로 계획을 세워요.

　마침내 1932년 1월 8일, 이봉창은 도쿄의 한 연병장에서 기념식을 마치고 돌아가는 일본 천황을 향해 수류탄을 힘껏 던졌어요. 그러나 수류탄이 천황을 맞히지 못해 거사는 실패로 돌아가고 말았어요. 이봉창은 일본 경찰에게 체포되고 온갖 고문을 당하다가, 1932년 10월 사형을 당해 순국했어요.

이성계 李成桂

1335~1408년(재위 1392~1398년) • 조선을 세운 왕

조선을 세운 1대 왕 태조예요. 이성계는 원나라가 점령한 고려 땅인 쌍성총관부에서 태어났는데 어려서부터 총명하고 무예가 뛰어났어요. 1356년 공민왕이 원나라의 쌍성총관부를 공격할 때 아버지와 함께 호응해 큰 공을 세웠어요. 그 뒤 홍건적과 왜구가 북쪽 변방과 해안으로 자주 쳐들어와 피해를 주자 그들을 물리치며 새로운 영웅이 되었어요.

명나라가 중국을 통일한 다음 옛 쌍성총관부 땅을 요구하자 고려의 정부는 요동 지방 정벌을 결정했어요. 이성계는 요동 정벌을 반대해 위화도 회군˙을 일으켜 정권을 잡았어요. 그 뒤 1392년에 정도전˙, 조준 등 신진 사대부˙와 힘을 합해 고려 왕조를 무너뜨리고 조선을 세웠어요.

이성계는 1394년 수도를 개경에서 한양 지금의 서울 으로 옮기고, 유교를 나라를 다스리는 근본으로 삼았어요. 또한 새로운 토지 제도인 과전법˙을 실시해 관리와 농민을 안정시켰고, 정도전에게 《경국대전》˙을 만들게 해 나라를 다스리는 기틀을 마련하기도 했어요.

■ 위화도 회군 ○ 140쪽   ■ 정도전 ○ 165쪽   ■ 신진 사대부 ○ 112쪽   ■ 과전법 ○ 23쪽
■ 경국대전 ○ 17쪽

이승만 李承晩

1875~1965년 · 우리나라 초대 대통령, 독립운동가, 정치가

대한민국의 초대 대통령으로 호는 우남이에요. 이승만은 스무 살에 배재학당에 입학해 영어와 신학문을 배웠어요. 그곳에서 서재필을 만나 독립 협회˚에 가입해 적극적으로 활동했어요. 독립 협회가 해체되면서 고종 암살 음모에 가담한 혐의로 체포되어 감옥에 갇혔어요. 그 뒤 미국으로 유학을 가서 공부했고, 독립운동을 했어요.

3·1 운동˚ 후에는 대한민국 임시 정부˚의 초대 대통령으로 뽑혔어요. 하지만 독단적으로 국제 연맹에 위임 통치를 청원해 1925년 대통령직에서 쫓겨났어요. 8·15 광복˚을 맞아 다시 한국으로 돌아온 뒤에는 통일 정부를 주장한 김구˚와 달리 남한 단독으로 정부를 수립해야 한다고 주장했어요. 1948년 제헌 국회˚에서 대한민국의 초대 대통령으로 당선되었어요.

6·25 전쟁˚ 기간과 후에는 두 번씩 헌법을 고쳐 가면서 2대, 3대 대통령이 되었어요. 그러나 1960년 3월 15일 부통령 선거에서 부정 선거를 저질렀고, 그 일로 4·19 혁명˚이 일어나자 대통령직에서 물러났어요. 하와이로 쫓겨난 뒤 그곳에서 세상을 떠났어요.

이이 李珥

1536 ~ 1584년 · 조선 중기의 성리학자, 정치가

퇴계 이황˙과 더불어 조선을 대표하는 성리학자로, 호는 율곡이에요.

이이는 외가인 강릉 오죽헌에서 아버지 이원수와 어머니 신사임당의 셋째 아들로 태어났어요. 어려서부터 신사임당에게 학문을 배웠는데, 세 살 때 〈석류〉라는 시를 지을 만큼 총명했으며, 열세 살 때 진사시에 합격해 주변을 놀라게 했어요. 아홉 번이나 과거를 보았는데, 모두 장원 급제하는 진기록을 세우기도 했어요.

이이는 스물아홉 살에 호조좌랑을 시작으로 중요한 관직을 두루 거쳤으며, 관직에 있을 때의 풍부한 경험과 탁월한 지식을 바탕으로 《동호문답》, 《만언봉사》 같은 책들을 지어 왕에게 올리기도 했어요. 또한 임진왜란˙이 일어날 것을 대비해 군사를 키워야 한다는 '십만 양병설'을 주장하기도 했지만 받아들여지지 않았어요. 그 후 정치인들이 서인과 동인으로 나뉘어 싸우는 것을 조정하려고 노력하면서 제자들을 가르치고 학문을 연구했어요.

이이는 퇴계 이황과 함께 조선의 성리학˙을 크게 발달시킨 대표적인 학자로 《격몽요결》, 《성학집요》 등 많은 책을 남겼어요.

■ 이황 **ㅇ** 155쪽　　■ 임진왜란 **ㅇ** 159쪽　　■ 성리학 **ㅇ** 101쪽

이차돈 異次頓

506~527년 · 신라 최초의 불교 순교자

신라 법흥왕의 신하로, 불교를 위해 목숨을 바친 순교자예요.

신라에 불교가 전래된 것은 오래 되었지만 나라에서 공인받지는 못하고 있었어요. 법흥왕은 왕위에 오른 뒤 자신의 권위를 높이기 위해 새로운 종교의 힘을 빌기로 했어요. 그것이 바로 불교였는데, 옛날부터 내려오는 민간 신앙 때문에 대다수 신하들이 불교를 반대했어요.

그때 법흥왕의 뜻을 알아차린 이차돈이 왕과 짜고 천경림 하늘의 신에게 제사를 지내는 성스러운 숲으로 가서 왕이 시켰다고 말하고는 절을 지었어요. 이에 신하들이 왕에게 달려가 항의하자 이차돈은 부처님의 뜻에 따라 자신이 혼자 절을 지은 것이라며 왕명을 받은 것처럼 속였다고 말했어요. 그러자 법흥왕은 왕을 속인 죄로 이차돈의 목을 베도록 했어요. 이때 이차돈의 목에서 피 대신 흰 젖이 분수처럼 치솟고, 갑자기 캄캄해진 하늘에서는 아름다운 꽃비가 떨어졌어요. 그것을 본 신하들은 마음을 돌려 불교를 반대하지 않게 되었고, 이차돈의 순교로 신라는 527년 불교를 공인했어요.

이황 李滉

1501~1570년 · 조선 중기의 성리학자

율곡 이이˚와 더불어 조선의 성리학˚을 크게 발전시키고 확산시킨 학자로 호는 퇴계예요.

어려서부터 책 읽기를 좋아하던 이황은 스무 살을 전후해《주역》을 밤낮으로 공부하다 건강을 잃을 정도로 열심이었어요.

이황은 늦은 나이인 세른세 살에 처음 벼슬길에 올랐으나 당시 당파 싸움으로 나라가 어지러워지자 벼슬에서 물러나 낙동강 상류인 토계 마을에서 학문 연구에만 전념했어요. 이때 이황은 토계를 '퇴계退溪'라 바꾸고 자신의 호로 삼았어요.

경상도 풍기 군수로 있을 때는 명종에게, 전임 군수 주세붕이 세운 백운동 서원에 현판, 서적, 노비 등을 지원해 줄 것을 요청했어요. 그러자 명종이 직접 소수 서원˚이라 쓴 현판을 내려 주었는데, 이것이 바로 사액 서원의 시초가 되었어요.

이황은 관직에서 물러난 뒤 나라에서 여러 차례 불렀지만 모두 거절하고 학문 연구에만 몰두했어요. 이때 이황과 함께 조선을 대표하는 유학자인 이이가 찾아와 서로의 지식을 나누고 학문을 교류하기도 했어요. 그뿐만 아니라 전국의 학자들이 이황에게 몰려와 가르침을 받았지요.

이렇듯 이황은 벼슬에 욕심을 내지 않고 한평생 학문 연구와 제자들을 기르는 일에만 힘쓴, 존경스러운 학자였어요. 저서로는《성학십도》,《퇴계전서》등이 있답니다.

■이이 ○153쪽   ■성리학 ○101쪽   ■소수 서원 ○104쪽

인조반정 仁祖反正

1623년 · 광해군을 폐위시키고 인조를 즉위시킨 사건

1623년 서인 세력이 광해군과 집권당인 대북파 세력을 몰아내고 인조를 왕으로 앉힌 사건이에요.

임진왜란˙이 끝난 뒤 선조의 뒤를 이어 왕이 된 광해군은 전쟁으로 황폐해진 나라를 다시 일으켜 세우려고 노력했어요. 대외적으로는 중국의 명나라와 후금 사이에서 중립 외교를 펼쳤어요. 당시 만주에 자리 잡고 있던 후금은 명나라를 위협하며 새로운 강자로 떠오르고 있었어요. 위험에 처한 명나라는 임진왜란 때 조선을 도왔으니 조선도 군대를 보내라고 요구했어요. 그러나 광해군은 후금과 사이가 나빠지면 위험하다고 생각해 명나라를 도와주는 척하면서 후금과도 친하게 지냈어요. 그러자 광해군의 중립 외교에 반대하는 신하들은 명나라에 대한 의리를 배반했다며 강하게 비판했어요.

한편 광해군은 선조의 서자 첩의 아들로 왕이 되어 늘 왕권에 위협을 느끼고 있었어요. 특히 선조가 세자로 삼으려 했던 어린 동생 영창 대군은 불안한 존재였어요. 결국 광해군은 왕권을 지키기 위해 영창 대군을 죽이고, 그 어머니인 인목 대비를 궁궐의 깊숙한 곳에 가두었어요. 광해군과 대북파를 반대하던 서인 세력은 1623년에 광해군을 형제를 죽이고 새어머니를 가둔 폭군으로 몰아 왕위에서 몰아내고 인조를 새로운 왕으로 앉혔어요. 광해군은 강화도로 유배되었다가 그곳에서 죽었답니다.

˙**임진왜란 ○** 159쪽

일본군 위안부 日本軍慰安婦

일제 강점기에 일본군에게 끌려가 성노예 생활을 강요당한 여성

1930년대부터 1945년 일본이 전쟁에 질 때까지, 전쟁터에 있는 일본군을 위해 강제로 끌려가 성노예 생활을 강요당한 여성들을 말해요.

일본은 중·일 전쟁과 태평양 전쟁 등 침략 전쟁을 일으킨 뒤 전쟁터에 있는 군인의 성적 욕구를 채워 주기 위해 여성들을 강제로 동원했어요. 우리나라뿐만 아니라 중국, 필리핀, 인도네시아 등 여러 나라 여성이 강제로 동원되었는데, 우리나라 여성들이 가장 많이 끌려갔어요. 그들은 군대를 따라 이동하며 일본군의 성 노리개가 되는 끔찍한 일을 당했어요. 또 학대와 고문을 당하거나 심지어 전쟁이 끝날 무렵에는 일본군에 의해 학살되기까지 했어요.

살아남은 여성들은 스스로 떳떳하지 못하다고 생각해 가족 앞에 나서지도 못한 채 사람들을 피해 숨어 살았어요. 위안부들은 지금까지도 정신적·육체적 고통 속에서 어렵게 살아가고 있어요.

일본군 위안부 문제는 우리나라뿐만 아니라 국제적인 문제로 관심을 끌고 있어요. 일본, 한국, 타이완 등 아시아 6개국 시민 단체들이 함께 활동을 펼치고 있는데, 일본은 여전히 보상은커녕 진심 어린 사과도 하지 않고 있어요. 지금도 위안부 할머니들과 정신대 대책 위원회 회원들이 수요일마다 일본 대사관 앞에서 일본에게 항의하는 수요 집회를 열고 있어요.

임오군란 壬午軍亂

1882년 · 구식 군인들이 차별 대우에 항의해 일으킨 난리

강화도 조약"을 맺은 후 조선은 개화 정책의 하나로 기존의 5군영을 폐지하고 신식 군대인 별기군"을 만들었어요. 별기군은 일본인 교관에게 신식 군사 훈련을 받았으며, 구식 군대에 비해 훨씬 좋은 대우를 받았어요. 구식 군대는 신식 군대와의 차별 대우로 불만이 커져 갔지요. 그런 데다 1년이 넘게 밀린 월급으로 쌀을 받았는데, 그 쌀 안에 모래와 겨가 섞여 있었어요. 이에 격분한 구식 군인들이 떼로 몰려가 민씨 외척 세력을 죽이고 일본 공사관으로 달려가 불을 질렀는데, 이것이 바로 임오군란이에요.

이 사건을 수습하기 위해 흥선 대원군"이 나섰지만 청나라 군대가 들어와 다시 명성 황후의 외척 세력이 권력을 잡게 되어요. 청나라군이 들어오자 일본 또한 군대를 파견했고, 이후 조선은 청과 일본의 간섭으로 더욱 약해지고 만답니다.

- 강화도 조약 ○ 15쪽
- 별기군 ○ 77쪽
- 흥선 대원군 ○ 220쪽

신식 군대

구식 군대

임진왜란 壬辰倭亂

1592년 · 조선 선조 때 일본이 침입해서 일어난 전쟁

1592년부터 1598년까지 7년간 조선과 명, 일본이 벌인 국제 전쟁이에요. 1592년 임진년에, 일본을 통일한 도요토미 히데요시는 조선에 '명나라를 치려고 하니 길을 빌려 달라.'는 구실로 쳐들어왔어요. 당시 조선은 전쟁에 전혀 대비가 되어 있지 않았어요. 게다가 나라를 지켜야 할 왕마저 관리들과 함께 수도를 버리고 북쪽으로 피란을 가는 바람에 일본군은 부산에 상륙한 지 20일 만에 수도 한양을 차지하고, 계속 북쪽으로 올라가 두 달 만에 평양을 거쳐 함경도에 이르렀어요.

이렇게 임금은 도망을 가고 군인들은 전쟁에서 계속 패하자 백성들은 스스로 무기를 들어 목숨과 재산을 지키기 위해 일어섰어요. 이들을 의병이라고 하는데, 의병은 전국 각지에서 일어났어요. 그중 곽재우, 김천일, 고경명, 조헌 부대 등이 유명했어요. 이들은 자기 고장의 지리에 익숙해 적은 숫자로도 왜군과 맞서 싸워 이기곤 했어요.

한편, 육지의 의병과 더불어 바다에서는 이순신이 이끄는 수군이 전쟁을 승리로 이끌었어요. 이순신은 거북선을 이용해 옥포 해전을 시작으로 사천, 당포, 한산도 등에서 승리를 거두었어요. 이로 인해 일본은 군인들의 식량과 필수품을 운반하는 길이 끊겨 큰 타격을 받았지요. 이 무렵 명나라에서도 지원군을 보내 조선과 함께 힘을 모아 평양성을 공격해서 되찾고, 권율은 행주산성에서 일본군을 물리치고 크게 승리했어요.

결국 일본은 경상도 해안까지 밀려 났고, 다급해진 나머지 명나라에 휴전 협상을 하자고 제의해 왔어요. 그러나 협상이 원만하게 이루어지지

임진왜란 때 조선과 명나라의 연합군이 평양성을 되찾는 전투 모습을 그린 병풍이에요.

않자, 1597년 일본은 다시 조선을 공격해 왔어요. 이때의 전쟁을 정유재란이라고 해요. 하지만 이때는 조선과 명나라가 협조해서 왜군에 대항할수 있었어요. 더구나 원균이 이끄는 수군은 참패했지만 다시 복귀한 이순신이 불과 12척의 배로 130여 척의 왜선을 물리치며 승리를 거두었어요. 이 싸움이 유명한 명량 해전이에요. 이렇게 되자 일본군은 힘을 잃고남해안 일대로 밀렸고, 전쟁을 일으킨 도요토미 히데요시가 병으로 죽자바로 철수해 7년 동안 계속되었던 전쟁이 막을 내렸지요.

　조선은 임진왜란으로 수많은 백성이 죽거나 다치는 등 인명 피해가 아주 컸어요. 게다가 전 국토가 황폐해져 식량도 부족하고 국가 재정도 어려워졌어요. 또 불국사 등 소중한 문화재와 건물들이 불타 없어졌으며, 서적·그림·도자기 등 귀중한 자료들을 일본에 약탈당했어요. 그래서 조선 사회는 임진왜란 이후 새로운 변화를 맞게 된답니다.

ㅈ

장수왕 長壽王

394~491년(재위 412~491년) · 고구려 20대 왕

광개토 대왕"의 아들로 19세에 고구려의 20대 왕이 되었어요. 장수왕은 이름 그대로 오래 살았다는 뜻인데, 98세까지 살았어요. 그리고 오래 사는 동안 광개토 대왕의 업적을 이어 고구려를 우리나라 역사상 가장 넓은 나라로 만들었어요.

광개토 대왕은 요동과 만주 지역으로 진출하였으며, 그 뒤를 이은 장수왕은 수도를 국내성에서 평양성으로 옮기고 한강 남쪽을 차지하였어요.

427년 장수왕은 남쪽으로 영토를 넓히기 위해 수도를 국내성에서 평양성 지금의 평양으로 옮겼어요. 475년에는 직접 군사를 몰고 백제를 공격해 백제가 500년 가까이 지켜오던 한성과 한강을 빼앗고 개로왕을 죽였어요. 한강은 중국과 통할 수 있는 매우 중요한 곳이므로 당시 한강을 빼앗긴다는 건 큰 힘을 잃어버리는 것이나 마찬가지였어요. 또 481년에는 신라로부터 7개의 성을 빼앗고 영토를 죽령까지 넓혔어요.

이렇게 장수왕은 한강 주변까지 차지하며 가장 넓은 영토를 가진 전성기를 이루었어요. 그리고 그것을 기념하기 위해 중원 고구려비를 세웠는데, 지금도 충청북도 충주시에 이 비석이 남아 있어요.

장수왕이 이렇게 남하 정책을 펼 수 있었던 것은 중국과의 대외 관계를 잘 처리했기 때문이에요. 당시 중국은 남북으로 왕조가 나뉘어 있었는데, 장수왕은 북쪽의 강자였던 북위와 가까이 지내면서 남쪽의 왕조들과도 교류하는 등거리 외교를 펼쳤어요. 이런 뛰어난 외교술 덕분에 고구려는 중국과의 국경 지대를 안정시켰지요.

■ **광개토 대왕 ○** 24쪽

국보 205호인 중원 고구려비예요. 공식 이름은 '충주 고구려비'예요. 5세기 장수왕이 고구려의 영토를 남한강 유역까지 확장하고 세웠어요.

ㅈ

전봉준 全琫準

1855~1895년 · 조선 후기 동학 농민 운동의 지도자

동학 농민군의 지도자이며, 녹두 장군이라는 별명을 갖고 있어요. 전봉준은 양반 가문에서 태어났지만 집안 형편이 어려워 여러 곳으로 이사를 다녔어요. 그러다 전라북도 고부 지금의 정읍로 옮겨 아이들을 가르치는 훈장을 하며 살아갔어요. 이때 동학˚ 교인이 되었고, 고부 지역의 동학교도를 이끄는 중간급 지도자인 접주로 활동했어요.

이 무렵 고부 군수 조병갑은 틈만 나면 농민들을 괴롭혔는데, 전봉준의 아버지는 이에 항의를 하다 끌려가 매를 맞아 죽게 돼요. 전봉준은 아버지의 억울한 죽음을 보며 봉기를 일으키겠다고 결심했어요. 그는 1894년 1월, 농민과 동학교도 1천여 명을 이끌고 고부 관아를 장악, 불법으로 모아 놓은 곡식을 되찾아 농민들에게 나눠 주었어요.

그 뒤 김개남, 손화중과 함께 동학 농민군을 조직하고 동학 농민 운동˚을 일으켰어요. 농민군은 전주를 점령하는 등 기세를 올렸으나 청나라와 일본이 군대를 보내 간섭하려 들자 서둘러 정부와 전주 화약을 맺었지요. 그러나 청·일 전쟁˚에서 승리한 일본이 조선의 정치를 좌지우지하려 들자 다시 봉기해 서울로 진격하다가 공주 우금치에서 크게 패하고 서울로 끌려왔어요. 기울어 가는 나라를 바로 세우고 외세를 몰아내려고 노력했지만 그 꿈을 이루지 못하고 1895년 사형을 당했어요.

▪동학 ○ 52쪽　▪동학 농민 운동 ○ 53쪽　▪청·일 전쟁 ○ 187쪽

정도전 鄭道傳

1342~1398년 · 고려 말 조선 초의 성리학자, 정치가

고려에서 조선으로 넘어가는 시대에 살았던 학자이며 정치가로 호는 삼봉이에요. 고려 말 개혁을 추구하며 성장하던 신진 사대부˙ 출신으로, 이성계˙를 도와 조선을 세우는 데 큰 역할을 했어요.

정도전은 공민왕˙ 때 과거에 급제해 벼슬에 올랐어요. 그러다가 우왕 시절 이인임 등 권문세족˙이 추진한, 원나라와 가깝게 지내고 명나라를 멀리하는 정책에 반대하다 귀양을 가게 돼요. 이후 권문세족이 지배하는 고려 왕조를 뒤엎어야 한다고 생각했어요. 그래서 이성계가 위화도 회군 ˙으로 권력을 잡자 그를 도와 조선을 세우는 데 일등공신으로 활약했어요. 그는 조선을 다스리는 데 기본이 되는 법전인 《조선경국전》을 지어 새 왕조의 기틀을 마련했고, 불교 대신 유교를 국가 이념으로 삼도록 했어요. 이후 성리학˙은 조선 5백 년 동안 국가 통치 이념이 되었지요. 또 현재의 경복궁과 도성 자리를 정하기도 했어요.

그러나 이성계의 막내아들 이방석이 세자가 되도록 돕다가 이를 반대하며 난을 일으킨 이방원 조선의 3대 왕 태종에 의해 죽음을 당하고 말아요. 저서로는 《불씨잡변》, 《삼봉집》 등이 있어요.

■ 신진 사대부 ● 112쪽   ■ 이성계 ● 151쪽   ■ 공민왕 ● 22쪽   ■ 권문세족 ● 29쪽
■ 위화도 회군 ● 140쪽   ■ 성리학 ● 101쪽

ㅈ

정림사지 5층 석탑

백제 시대의 석탑, 국보 9호

현재까지 전해지는 백제의 탑은 2개가 있어요. 전라북도 익산에 있는 국보 11호 미륵사지 석탑과 충청남도 부여의 국보 9호 정림사지 5층 석탑이에요.

이 중 정림사지 5층 석탑은 백제가 수도를 웅진 공주 에서 사비성 부여 으로 옮긴 이후부터 백제 멸망 전까지인 538~660년 사이에 건립된 것으로 보고 있어요. 이 탑은 목조탑의 구조를 지녔지만 돌의 특성을 살려 전체적으로 우아하고 아름답게 만들었으며, 백제의 건축 양식을 볼 수 있는 석탑이에요. 특히 하늘 위로 치켜 든 석탑의 끝이 백제의 혼과 기상을 드러낸다고 해요.

충청남도 부여의 정림사 터에 세워져 있는 탑이에요. 세련되고 기품이 높아 백제 석탑의 아름다움을 느낄 수 있어요.

그러나 이 탑의 1층 몸체에는 당나라 장수 소정방이 백제를 멸망시킨 뒤 '백제를 정벌한 기념탑'이라는 뜻의 글귀를 새겨 놓았어요. 당시 그는 백제를 물리치고 승리한 내용을 백제의 탑에 새겨 백제의 위신을 떨어뜨렸던 거예요. 그래서 이 탑은 당나라가 백제를 평정한 기념탑이라는 의미의 '평제탑'이라 잘못 알려지는 수모를 겪기도 했어요.

정몽주 鄭夢周

1337~1392년 · 고려 말기의 정치가, 학자

호는 포은이고, 목은 이색, 야은 길재와 함께 '고려 삼은'으로 불려요.

1360년 문과에 장원 급제한 다음 여러 관직을 거치면서 나라에 공을 세웠고 성균관˙에서 학자들을 교육하는 일도 맡았어요. 그런 과정에서 조선을 세운 이성계˙와 함께 왜구와 여진족을 물리치고 명나라와 우호 관계를 맺는 데 활약하기도 해요. 수도인 개경에 5곳의 교육 기관인 오부 학당을 세우고 지방 학교인 향교를 세워 성리학˙을 널리 알리는 일도 했어요.

이성계가 위화도 회군˙을 하면서 정권을 차지하자 그를 도와 우왕과 창왕을 폐위시키고 공양왕을 세우기도 했지만 이성계를 왕으로 내세우려 하자 이를 막으려 들었어요. 이런 이유로 이성계의 아들인 이방원이 보낸 자객들에 의해 선죽교에서 살해되고 말았어요. 그는 고려 말에 성장한 신진 사대부˙ 세력의 중심인물로 활약했고 조선 건국을 주도한 정도전˙과는 친구 사이였지만 서로 정치적 입장이 달라지면서 대립하고 말았어요. 이방원이 정몽주를 회유하려 쓴 '하여가'와 그에 답한 정몽주의 '단심가'라는 시조는 지금도 유명하답니다.

ㅈ

정약용 丁若鏞

1762~1836년 · 조선 후기의 대표적인 실학자

호는 여러 개가 있지만 다산, 여유당이 가장 널리
알려져 있어요. 1783년 정조 13년 에 과거에 급제한 뒤
정조˚의 개혁 정책을 뒷받침해서 큰 신임을 받고 벼슬이
부승지 오늘날의 대통령 비서실 차장 에 이르렀어요. 문장이 훌
륭하고 성리학˚의 경전을 연구하는 경학에 밝아 학자로서 이름을 날렸고
수원 화성˚을 건설할 때에는 거중기라는 기계를 만들기도 하는 등 과학
과 기술에서도 재주가 뛰어났어요.

조선 후기에 여러 정치·경제적 문제점이 나타나자 이것을 현실에 맞게
개혁하자는 실학˚파에 참여했고 서양 학문을 적극적으로 받아들이면서
천주교 신자가 되기도 했어요. 1801년 천주교도를 탄압한 사건인 신유
박해가 일어나자 전라도 강진으로 유배를 가서 18년간 귀양살이를 했어
요. 귀양살이를 하면서 더욱 학문과 저술에 힘써 실학사상을 집대성했고
조선 후기를 대표하는 대학자로 존경받게 되었어요. 지방에 파견된 관리

들이 지켜야 할 도리를 밝힌《목민심
서》를 비롯하여 500여 권에 이르는 책
을 썼고, 그의 호를 딴《여유당 전서》
는 다산 선생의 저서들을 모아 놓은 전
집과 같은 책이랍니다.

정약용이 만든 거중기예요. 무거운 물건을 들어 올리는
데에 사용했으며, 수원 화성을 짓는 데에 사용되었어요.

■정조 ○169쪽   ■성리학 ○101쪽
■실학 ○115쪽   ■수원 화성 ○106쪽

정조 正祖

1752~1800년(재위 1776~1800년) · 조선의 22대 왕으로 개혁 군주

    조선의 21대 왕이자 할아버지인 영조˚와 더불어 조선 후기의 대표적인 개혁 군주로 손꼽혀요. 조선은 임진왜란˚을 겪은 이후로 신분 질서가 흐트러지고 조세 제도가 흔들렸고, 일부 양반의 토지 독점이나 관리의 부정부패 등 많은 문제점이 나타났어요. 여기에 왕의 권위가 떨어지는 바람에 신하들은 당파를 만들어 당파 싸움이 심하게 일어났어요.

    이런 문제를 해결하기 위해 영조는 탕평책˚을 실시해 당파보다는 인물 중심으로 인재를 골고루 등용하고 백성들의 삶을 안정시키려고 노력했는데 정조는 영조의 탕평책을 잇는 한편 더욱 개혁적인 조치를 취했어요. 규장각˚이라는 왕실 도서관을 세워 집안보다는 능력 위주로 고르게 인재들을 등용했어요. 그리고 관공서에 물건을 제공하는 대신 시장을 관리하는 권리를 받은 시전 상인이 일반 백성들이 시장에서 장사할 수 없게 막았던 금난전권을 없애는 등 백성들의 어려움을 보살피는 민본 정책을 실시했어요. 왕권을 강화하려고 수원 화성˚을 별도의 궁전으로 짓고 그곳에 왕의 직속 부대인 장용영을 설치하기도 했어요. 또한 그동안의 법전들을 정리한 《대전통편》처럼 제도 개혁과 기술 발전을 위해 많은 책을 보급하는 등 문화 부흥을 위해 노력했지요. 그래서 영조와 정조의 시대를 '조선의 르네상스 부흥기'라고 부르기도 한답니다.

▪ 영조 **o** 129쪽　　▪ 임진왜란 **o** 159쪽　　▪ 탕평책 **o** 196쪽　　▪ 규장각 **o** 30쪽　　▪ 수원 화성 **o** 106쪽

제너럴셔먼호 사건

1866년 · 미국의 무역선 제너럴셔먼호를 침몰시킨 사건

1866년 7월 미국의 상선 제너럴셔먼호가 대동강을 따라 평양에 와서 교역을 요구했어요. 처음 평양의 관리와 백성들은 이들에게 먹을 물과 음식을 주는 등 우호적으로 대하면서 조선에서는 개인적인 무역을 할 수 없으니 떠나라고 요구했어요. 그러나 이들은 도리어 백성들에게 총격을 가하고 관리를 납치해 가는 등 행패를 부렸어요. 이에 평안도 관찰사 박규수가 공격을 명령, 군과 백성들이 3일 동안 반격을 했지요. 그 결과 제너럴셔먼호는 불에 타서 침몰하고 선원들은 모두 처형되었어요. 이 사건을 빌미로 미국은 1871년 강화도를 침략하는 신미양요*를 일으키게 된답니다.

■ 신미양요 ○ 110쪽

제헌 국회 制憲國會

대한민국의 첫 국회로, 헌법을 처음으로 만든 국회

　　대한민국을 탄생시킨 국회로 우리나라 최초의 헌법인 제헌 헌법을 만든 국회를 말해요. 1945년 8·15 광복˚ 이후 남과 북에는 미군과 소련군이 들어와 군정을 실시하게 되었어요. 그런데 좌파를 대표하는 소련과 우파를 대변하는 미국이 중심이 되어 실제의 전쟁 없이 벌어진 대결과 경쟁 '냉전'이라고 해요 이 벌어져 남북 합의에 의한 총선거와 통일된 국가 수립이 어려워지고 말았어요. 그래서 국제 연합의 결의에 따라 1948년 5월 10일 남한만의 단독 선거를 치르게 되지요. 이 선거를 5·10 총선거˚ 라고 하는데, 대한민국의 헌법을 만드는 국회의원들을 뽑는 선거였어요. 여기서 당선된 국회의원을 제헌 의원이라고 하고 이들이 구성한 국회를 제헌 국회 또는 제헌 의회라고 불러요. 제헌 국회는 대한민국이라는 나라를 탄생시킨 헌법을 만들었고 이승만˚ 을 초대 대통령으로 뽑았으며 그 외에 정부 조직법 등을 만들어 오늘날까지 이어지는 행정·사법·입법 등 우리나라 정치 제도의 기초를 마련했어요.

■ 8·15 광복 ● 201쪽　　■ 5·10 총선거 ● 131쪽　　■ 이승만 ● 152쪽

조선어 학회 朝鮮語學會

1921년 · 일제 강점기에 한글을 연구할 목적으로 설립된 학회

일제가 우리나라를 강제로 점령한 식민지 시기인 1921년 한글을 연구할 목적으로 설립한 조선어 연구회가 1931년 이름을 바꾸어서 만든 단체를 말해요. 이 단체는 《한글》이라는 잡지를 발행하는 한편 한글 맞춤법 통일안을 만들어 발표하고 《우리말 큰사전》을 펴내려고 준비하는 등 한글을 보존하고 발전시키며 널리 사용하도록 하는 데에 기여했어요.

그런데 일제는 한글과 한국어가 살아 있는 한 조선 민족의 저항 정신이 사라지지 않는다고 생각해서 1938년부터 한글 교육을 없애고 한국어의 사용마저도 금지시켰어요. 이런 상황에서 1942년 조선인 학생이 기차 안에서 한국어를 사용하는 것을 적발했는데, 그 배후에 조선어 학회 회원이 있다는 것을 알아내고는 이것을 빌미로 조선어 학회 전체를 독립운동 단체로 만들어 탄압하려고 사건을 꾸며 냈어요. 이 조선어 학회 사건으로 33명의 한글 학자들이 붙잡혀서 모진 고문을 당했고 13명이 구속되고 이윤재, 한징 등은 고문 후유증으로 감옥에서 돌아가시고 말아요.

조선왕조실록 朝鮮王朝實錄

태조부터 철종에 이르는 25명의 왕을 기록한 조선의 정식 역사책

　조선의 건국자인 태조부터 25대 철종까지 472년간 시간의 순서에 따라 국가에서 만들고 기록한 28종의 공식적인 역사책이에요. 조선의 왕은 26대 고종, 27대 순종까지 27명이지만《고종실록》과《순종실록》은 일제가 꾸며서 만든 것이라서 인정받지 못하고 있어요. 이 책은 왕과 신하들의 정치 행위만이 아니라 그 시대의 경제나 사회, 문화, 생활 등 다양한 내용을 기록하고 있어서 조선 시대 역사를 이해하는 데 아주 소중한 자료이지요. 세계를 통틀어 한 왕조의 기록 가운데 최고로 많은 분량과 내용을 담고 있는 책으로, 1997년 유네스코 세계 기록 유산으로 지정되었어요. 국보 151호예요.

조선 총독부 朝鮮總督府

　　일본은 다른 나라를 침략하는 제국주의 정책을 펴면서 첫 번째 목표로 조선을 잡았어요. 일제는 1905년에는 을사조약˙을 맺어 사실상의 지배를 하다가 1910년에는 한·일 병합 조약˙을 맺어 조선을 식민지로 만들고 식민지를 지배하는 통치 기구로 조선 총독부를 설치했어요. 조선 총독은 입법·행정·사법권은 물론 군대 통수권까지 가진 막강한 권한을 지녔는데, 초대 총독은 데라우치 마사타케라는 육군 대장이었어요. 조선 총독부는 우리 민족에게는 이름만 들어도 치가 떨리는 탄압과 억압의 상징으로 35년간 있다가 1945년 해방이 되면서 사라졌어요. 총독부 건물은 고의로 조선 시대 왕이 정무를 보던 경복궁 근정전 앞을 헐고 지었는데, 1995년 철거되고 경복궁과 광화문이 복원되었어요.

■ 을사조약 ● 148쪽　　　■ 한·일 병합 조약 ● 204쪽

조선 총독부는 일제가 한반도를 식민 통치하기 위해 설치한 기관이에요. 을사조약 이후 설치했던 통감부를 폐지하고 보다 강력한 통치 기구인 조선 총독부를 설치한 거예요.

종묘 宗廟

조선 시대 역대 왕과 왕비의 위패를 모시던 왕실의 사당

　종묘는 조선 태조가 1394년 정전 중심이 되는 건물 을 만들기 시작해서 다른 건물들은 후대에 완성되었는데, 임진왜란* 으로 불타서 광해군이 1608년 다시 지은 왕실의 사당이에요. 역대 왕과 왕비의 위패 죽은 사람의 이름을 적은 나무로 만든 제사용 도구 를 모신 정전을 비롯, 여러 건물로 구성되어 있어요. 왕은 신하들을 거느리고 종묘에 와서 격식을 갖춘 제사를 지냈는데, 이때 사용된 음악이 종묘 제례악이에요. 종묘는 1995년 유네스코 세계 문화유산으로 지정되었고 종묘 제례와 종묘 제례악도 2001년 유네스코 세계 무형 유산으로 지정되었어요. 이 유산들은 우리 전통 문화의 가치가 잘 보존된 것이랍니다.

■ 임진왜란 ⊙ 159쪽

종묘는 조선 시대의 역대 왕과 왕비의 위패를 모신 유교 사당이에요. 검소하면서도 장엄함을 느낄 수 있는 건축물로, 사적 125호예요.

주시경 周時經

1876~1914년 · 조선 말기에서 일제 초기에 걸쳐 한글을 연구한 국어학자

호는 한힌샘이며 조선 말기와 일제 초기에 한글을 가르치고 보급하는 데 선구적인 역할을 했어요. 우리 겨레의 말을 지키고 가꾸는 것이 민족의 독립과 나라의 발전을 이루는 길이라고 생각해서 일생을 바친 애국자였어요. 한글 문법과 맞춤법 통일에 기여해《국어 문법》, 《말의 소리》 등의 책을 썼어요. 《말모이》라는 우리말 사전을 만들었으며 그의 제자들이 조선어 연구회 훗날의 조선어 학회▪를 만들고 우리글을 연구하게 되지요.

▪ 조선어 학회 ● 172쪽

직지심체요절 直指心體要節

1372년 · 고려 말 백운 화상이 펴낸 불교 서적

고려 공민왕 때인 1372년 백운 화상 경한이 불교의 참다운 깨달음에 필요한 내용을 뽑아서 정리한 책으로, 1377년에 금속 활자▪로 인쇄했어요. '직지심체'라는 말은 '사람의 마음을 바르게 하면 그것이 곧 부처의 마음임을 깨닫게 된다.'라는 뜻이에요. 금속 활자로 인쇄한 책 가운데 가장 오래된 것으로 인정되어 2001년 유네스코 세계 기록 유산으로 인정되었는데, 지금은 프랑스 국립 도서관에 보관되어 있어요.

▪ 금속 활자 ● 34쪽

진대법 賑貸法

194년 · 고구려에서 어려운 백성들의 구제를 위해 시행한 제도

고구려 고국천왕 시절인 194년에 재상인 을파소의 제안으로 시행한 제도예요. 흉년, 재난 등이 들거나 먹을 양식이 떨어지는 봄철인 춘궁기처럼 백성들의 삶이 어려워질 때 봄에 곡식을 빌려 주고 가을에 되돌려받는 제도가 진대법이에요. 고구려에서는 3월에서 7월 사이에 곡식을 빌려 주고 추수가 끝난 10월에 갚도록 했어요.

이 제도는 백성들이 어려움에 부딪칠 때 부자나 귀족 등이 높은 이자로 곡식을 빌려 주어 가난한 백성들을 더욱 가난하게 만드는 고리대금업을 막기 위해 국가에서 시행한 일종의 사회 보장 제도였어요. 진대법의 정신을 이어서 고려 시대에는 성종이 상평창과 의창을 두어 빈민 구제를 시행했고, 조선 시대에는 환곡 제도로 대신했어요.

177

진흥왕 眞興王

534~576년(재위 540~576년) · 신라 24대 왕으로 정복 군주

신라의 22대 왕인 지증왕의 손자로, 법흥왕에 이어 7살에 왕이 되었으며 자라서는 영토 확장에 힘써 신라의 전성기를 이룩해요.

진흥왕이 임금이 되었을 무렵 삼국 가운데 가장 강했던 고구려가 한강 유역을 차지하고 있었지만 내부에서는 권력 다툼이 일어나고 중국과의 국경 지대에서는 다른 이민족이 일어나 고구려를 위협했어요. 이렇게 되자 백제의 성왕이 진흥왕에게 한강 유역을 쳐들어가 나누어 갖자고 제안했어요. 그리하여 551년 신라는 한강의 상류 지역을, 백제는 한강의 하류 지역을 점령하게 되지요. 그런데 진흥왕은 553년 백제가 다스리고 있던 한강 하류 지역마저 기습 공격해서 차지해요. 왜냐하면 한강 하류 지역을 차지해야 중국과 교류할 수 있었기 때문이에요. 이 일로 백제와 신라가 고구려의 남진

진흥왕은 고구려를 공격하여 한강 상류 지역을, 백제를 공격하여 한강 하류 지역을 빼앗고 대가야를 정복해서 영토를 넓혔어요.

을 막기 위해 결성했던 나·제 동맹이 깨지고 성왕은 신라의 교통 중심지인 관산성을 공격했어요.

554년 신라는 도리어 백제의 성왕을 죽이고 백제군을 전멸시키는 승

리를 거두게 되지요.

신라는 고구려 깊숙이 쳐들어가 지금의 함경북도 마운령까지 점령하는 한편 562년에는 대가야를 멸망시키고 영토를 넓혔어요. 이렇게 진흥왕은 여러 곳을 정복해서 신라 최대의 영토를 차지하면서 정복 군주로 이름을 떨치게 되지요. 또한 점령한 지역을 돌아보고 자신의 업적을 기리는 비석을 세웠는데, 그것이 바로 진흥왕 순수비랍니다. 북한산·황초령·마운령·창녕의 4곳에 세웠어요. 진흥왕은 정복 군주로도 뛰어났지만 화랑 제도를 만들어 인재를 기르고 황룡사를 세워 불교를 널리 퍼뜨리는 등 정치·문화에서도 뛰어난 업적을 이룩한 훌륭한 왕이었어요.

국보 3호인 북한산 신라 진흥왕 순수비예요. 높이는 154센티미터, 너비는 69센티미터예요. 553년 백제로부터 한강 하류 지역을 빼앗은 뒤 555년에 세운 것으로 보여요.

집현전 集賢殿

고려 말에서 조선 초에 걸쳐 왕의 자문 기관으로 있었던 학문 연구 기관

집현전은 현명한 인재를 모아 학문을 연구하는 기관이라는 뜻인데, 고려 시대에서 조선 건국 초기에는 그다지 중요한 활동을 하지 못했어요. 그런데 세종˚이 즉위하면서 집현전을 새롭게 개편해서 본격적인 학문 연구 기관으로 발전시켰어요. 성삼문, 정인지, 신숙주 등의 뛰어난 인재들을 집현전 학사로 임명하고 다양한 학문을 연구하게 했는데, 가장 큰 업적은 훈민정음˚을 만든 일이에요. 그 밖에도 《고려사》·《농사직설》·《팔도지리지》·《용비어천가》˚ 등 역사·농업·지리·문학 등 다양한 책을 만들어서 세종 시대를 문화의 황금기로 만드는 중심 역할을 맡았어요.

■ 세종 대왕 ○ 102쪽   ■ 훈민정음 ○ 217쪽   ■ 용비어천가 ○ 135쪽

ㅊ

창씨개명 創氏改名

일제 강점기에 실시한 민족 말살 정책의 하나로, 일본식 이름 강요

일제 강점기 말기에 일제는 우리 민족의 혼과 정신을 없애기 위해 일본 국내와 조선은 동일한 몸이라는 주장인 '내선 일체', 일본 천황이 다스리는 혜택 받은 백성이라는 의미의 '황국 신민화' 등을 내세워 우리말과 글의 사용을 금지했어요. 그리고 일본의 신을 모신 신사에 매일 참배하도록 하는 신사 참배*와 우리 이름을 일본식으로 고치도록 하는 창씨개명을 실시했어요. 조선 총독부*는 1940년 2월부터 조선인들에게 창씨개명을 강요했는데, 이름을 바꾸지 않으면 자녀의 학교 입학이나 관공서의 취직 등을 허용하지 않는 등 불이익을 줬어요. 해방이 되자 우리 민족은 다시 고유의 성과 이름을 회복하게 되어요.

■ 신사 참배 ○ 110쪽   ■ 조선 총독부 ○ 174쪽

처인성 전투 處仁城戰鬪

1232년 · 김윤후가 몽골군을 상대로 벌인 전투

처인성은 지금의 경기도 용인에 있던 성인데, 원래 수주_{경기도 수원}에 딸린 처인 부곡의 방어용 성이었어요. 부곡이란 일반 백성과 달리 세금 이나 특산물, 관에서 지시한 물품 등을 더 많이 나라에 바쳐야 하는 백 성들이 집단으로 사는 곳이에요. 부곡민은 노비나 천민과 비슷한 대접 을 받았어요.

이렇게 제대로 대접받지 못하던 처인 부곡의 백성들이었지만 몽골군 이 두 번째로 고려를 침입해 온 1232년 승려 출신 의병장 김윤후의 지 휘 아래 끝까지 물러서지 않고 싸웠어요. 이 전투에서 김윤후가 쏜 화살 이 몽골군 대장 살리타이를 죽게 만들어 결국 몽골군은 물러가고 말았 어요. 몽골 제국은 고려 정부가 자신들에게 항복하지 않자 1231년부터 1257년까지 7번에 걸쳐 고려로 쳐들어왔어요. 고려는 처인성 전투에서 처럼 몽골의 잦은 침입에도 꿋꿋하게 맞서 싸워 정복되지 않았답니다.

몽골 제국은 테무친 (칭기즈 칸)이 정복 전쟁으로 이룬 세계적인 제국이야.

철기 시대 鐵器時代
쇠로 만든 도구를 쓰던 시대

초기 철기 시대에 사용된 장대투겁방울. 제사를 지낼 때 사용하던 물건이에요.

역사에서는 선사 시대˚를 도구의 발달에 따라 구석기 시대˚ → 신석기 시대˚→ 청동기 시대˚ → 철기 시대로 나눠요.

오늘날 우리가 쓰는 도구의 대부분 이 철기이듯이, 철기 시대는 인류가 이룩한 도구 발전의 마지막 단계라고 할 수 있어요. 철기는 기원전 13세기 무렵 히타이트 인들이 최초로 사용한 것으로 알려져 있는데, 우리나라에는 기원전 5~3세기부터 중국에서 들어와 기원전 1세기 무렵에는 한반도 남부까지 널리 퍼지게 되었어요.

철기는 재료를 구하기가 쉽고 아주 단단해서 농기구나 무기로 쓰기가 좋았어요. 철기의 보급으로 땅을 보다 깊게 갈게 되자 농업 생산량이 크게 늘어났고 무기도 다양하게 개발되었지요. 그 바람에 인류 사회도 전쟁을 통해 보다 큰 규모인 국가로 커 나갔어요. 국가는 청동기 시대에 처음 등장했지만 도시 국가나 부족 국가처럼 작은 단위로 머물렀는데, 철기 시대에 오면서 심지어 제국으로까지 나아가게 되었어요. 특히 남보다 먼저 철기 제조 기술인 제련 기술을 발전시킨 나라는 주변의 다른 나라를 정복해서 강대국으로 성장했는데, 우리나라의 경우 고조선이나 고구려와 같은 나라가 대표적인 경우지요.

■ **선사 시대 ○** 99쪽　■ **구석기 시대 ○** 26쪽　■ **신석기 시대 ○** 111쪽　■ **청동기 시대 ○** 185쪽

청동기 시대 青銅器時代

청동으로 만든 도구를 사용하던 시대

청동은 구리와 주석을 섞어 만든 금속으로 인류가 최초로 만든 도구예요. 세계적으로는 기원전 3500~3000년 무렵, 우리나라는 기원전 2000~1500년 무렵부터 썼어요. 청동은 재료를 구하기가 어렵고, 만드는 기술도 어려워서 부유하거나 권력을 가진 사람들만 사용할 수 있었어요. 대다수 사람들은 돌을 갈아 만든 간석기를 썼어요.

청동기 시대부터 우리나라에서는 본격적으로 벼농사를 짓기 시작했는데, 식량이 남아서 보관하는 상황에 이르렀어요. 그 결과 남는 식량을 더 많이 갖게 된 사람과 그렇지 못한 사람 사이에 빈부 격차가 생겨나고 사회에는 지배 계급과 피지배 계급이 발생하게 되었어요. 또한 더 많은 식량을 차지하기 위해 이웃 부족과 전쟁이 일어나고 이런 과정에서 부족 국가나 도시 국가가 등장했어요. 우리나라 최초의 국가인 고조선도 청동기 시대에 세워진 나라예요.

우리나라 청동기 시대의 대표적인 유적지는 부여 송국리, 울주 검단리 등이 있고 대표적인 유물로는 비파형 동검"과 세형동검, 미송리식 토기와 민무늬 토기" 등이 있어요. 이들 유물은 주로 고인돌"이나 돌널무덤, 돌무지무덤 같은 무덤이나 집터 등에서 발견되었어요. 청동기 시대가 되면 집도 점차 움집에서 땅 위에 바로 세우는 지상 가옥으로 바뀌게 된답니다.

■ 비파형 동검 ○ 85쪽   ■ 민무늬 토기 ○ 69쪽   ■ 고인돌 ○ 20쪽

ㅊ

청산리 대첩 靑山里大捷

青山里大捷

1920년 · 간도 지역의 청산리에서 독립군이 일본군을 크게 물리친 전투

1910년 일본이 조선을 병합하면서 의병 활동의 중심 지역이 만주의 간도 지역으로 옮겨지게 되었어요. 1919년 3·1 운동"이 전국적으로 일어나자 이에 크게 고무되어 독립군 부대가 많이 생겨났는데, 이들은 주로 두만강이나 압록강을 넘어와 일본군을 공격하고 만주 지역으로 피신하는 게릴라 방식으로 일본에 맞서 싸웠어요.

독립군을 토벌하기 위해 일본이 부대를 보내자 홍범도 장군이 이끄는 대한 북로 독군부 소속의 부대가 1920년 6월 간도 지역의 화룡현 봉오동으로 일본군을 유인해서 무찔렀어요. 이것을 봉오동 전투"라고 해요. 봉오동 전투에서 패한 일본군은 그 해 10월 다시 2만여 명의 대규모 부대를 보내서 독립군을 없애려고 나섰어요. 이에 맞서 또 다른 독립군 부대인 북로 군정서 소속의 김좌진·이범석 장군이 중심이 되어 화룡현 청산리 인근에 숨어 있다가 일본군을 기습 공격, 승리를 거두었어요. 그리고 지역을 이동하면서 일본군을 유인해 습격하는 방식으로 10여 차례에 걸쳐 일본군을 크게 무찔렀어요. 이때 홍범도 장군이 이끄는 대한 독립군 소속의 부대까지 합세해 싸웠어요. 청산리 대첩은 일본군 1200여 명을 사살하는 등 우리나라 독립 투쟁에서 가장 빛나는 승리를 거둔 전투였어요.

■ 3·1 운동 ○ 94쪽   ■ 봉오동 전투 ○ 81쪽

청·일 전쟁 淸日戰爭

1894년 · 청나라와 일본이 조선의 지배권을 놓고 벌인 전쟁

청·일 전쟁은 1894년 7월부터 1895년 4월까지 청나라와 일본이 벌인 전쟁이에요. 동학 농민 운동˙을 둘러싸고 청나라와 일본이 군대를 파병하고 서로 조선에 대한 지배권을 확보하려는 다툼을 벌이면서 전쟁이 일어났어요.

1894년 1월부터 부패한 관리와 지나친 세금에 반발해서 동학 농민 운동이 일어났고 농민군은 곳곳에서 승리를 거두며 전라도 일대를 장악했어요. 그러자 무능한 조선 정부는 자신들이 떠받들던 청나라에 농민군을 진압할 군대를 보내 달라고 요청했어요. 청나라가 군대를 보내자 일본은 기다렸다는 듯이 청나라보다 더 많은 군대를 보냈어요. 청나라와 전쟁을 벌여서라도 조선에 대한 지배권을 차지하려는 속셈 때문이었어요.

이렇게 두 강대국이 군대를 보내 조선을 차지하려고 들자 농민군 지도부와 조선 정부는 서둘러 협약을 맺고 농민군을 해산하는 한편 조선 정부는 두 나라 군대의 철수를 요구했어요. 하지만 일본군은 서울로 진격해서 경복궁을 점령한 다음, 당시 권력을 장악하고 있던 명성 황후 세력을 몰아내고 김홍집을 총리대신으로 하는 친일적인 정부를 세워 갑오개혁*을 실시했어요. 조선의 근대적인 개혁을 위해 일본이 애쓴다는 명분을 내세우려는 것이었지요. 하지만 이것은 전쟁을 앞두고 일본에 우호적인 세력을 심으려는 속셈이었을 뿐이에요.

1984년 7월 일본군은 선전 포고도 하지 않고 아산만에 있던 청나라 해군을 먼저 공격해서 전쟁을 일으켰는데, 이후 평양 전투와 압록강 입구의 황해 해전에서 승리를 거두고 산동 반도의 웨이하이에서는 중국의 주력 해군인 북양 함대를 격파하는 등 계속 싸움에서 이겼어요. 전쟁이 일본의 일방적인 승리로 끝나면서 두 나라는 시모노세키 조약을 맺었는데, 가장 중요한 내용은 조선을 자주독립국으로 인정한다는 내용이었어요. 겉으로는 조선의 독립을 보장하는 듯이 보이지만 속셈은 청나라의 간섭이 없이 조선을 일본 마음대로 요리하겠다는 뜻이 담긴 것이지요. 그래서 청·일 전쟁은 일본이 조선에 대한 지배권을 본격적으로 갖게 된 전환점이라고 평가되고 있어요.

■동학 농민 운동 ○53쪽   ■갑오개혁 ○14쪽

청해진 清海鎭

통일 신라 시대 장보고가 설치한 군사와 행정 기지

청해진은 전라남도 완도군 장도에 있었던 통일 신라 시대 해군의 진군
사적으로 중요한 지점에 세운 군사와 행정 기지 이에요. 신라 출신으로 당나라에
가서 지방군 장교를 지냈던 장보고가 신라로 돌아와 828년 흥덕왕에게
해적 소탕을 위해 진의 설치를 건의해서 세워졌어요. 그 뒤 청해진은 1만
여 명의 군사를 거느린 군사적인 중심지가 되었고 일본과 중국을 잇는 중
계 무역의 거점으로 성장했어요. 이곳의 위치가 중국의 항구들과 일본의
규슈 지방의 중간 지점에 있어서 국제 무역의 중심지가 될 수 있었지요.

해상왕이라 불린 장보고는 이런 힘을 바탕으로 신라의 왕권 다툼에도
개입해서 신무왕을 세우기도 했어요. 그러나 딸을 신무왕의 아들인 문성
왕의 왕비로 들이려고 하다가
중앙에서 보낸 자객 염장에 의해
암살당했고 청해진은 그가 죽은
뒤 9년 만인 851년 폐쇄되고
말았어요.

중국과 일본의
무역은 청해진을
중심으로
해야겠군.

← 장보고

거란

발해

통일 신라

당

청해진

왜

ㅊ

최무선 崔茂宣

1325~1395년 · 고려 말에서 조선 초에 걸쳐 화약과 화약 무기를 개발한 무신

고려 말 경상도 영주지금의 경북 영천에서 태어나 무신으로 관리가 된 최무선은, 어렸을 때부터 병법과 무기 개발에 관심이 많았다고 해요. 고려 말에 왜구가 자주 해안 지대를 침략해서 골치를 썩였는데, 최무선은 이에 대한 해결 방법이 화약과 화약 무기에 있다고 생각했어요. 그래서 1377년 우왕에게 화통도감의 설치를 건의해 책임자인 제조에 임명되었어요. 화통도감에서 그는 화약을 사용하는 대포나 총, 화살 등의 무기를 개발하는 한편 왜구에 대응하기 위해 화포를 설치할 수 있는 전함의 개발에도 힘을 쏟았어요.

조선 세종 때 만들어진 화약 화살 신기전이에요. 최무선이 화통도감에서 제조한 로켓 추진 병기 주화를 개량하여 만들었어요.

1380년 금강 하구인 진포에 왜구가 침입하자 자신이 개발한 화약 무기를 설치한 전함을 이끌고 나가 500여 척의 왜선을 물리치는 큰 공을 세웠어요. 이후 1383년에는 남해의 관음포에서 왜구를 물리치고, 1389년에는 왜구의 본거지인 대마도 정벌에도 참여해서 수백 명의 고려 백성을 구출하는 등 많

은 전공을 세웠어요. 조선이 건국된 다음 이런 공로를 인정받아 재상의 지위를 받기도 했어요. 그의 아들에 의해 기술이 전수되어 세종˙ 시대에 신기전이라는 화약 화살을 개발하는 기초를 마련했어요.

■세종 대왕 ○ 102쪽

최익현 崔益鉉

1833~1906년 · 조선 말기의 유학자이자 의병장, 애국지사

호는 면암으로 경기도 포천에서 태어나 조선 말기의 유명한 유학자인 이항로의 문하생으로 공부하고 1855년 과거에 합격해서 관직 생활을 시작했어요. 성품이 강직해서 바른 말을 자주 했는데, 안동 김씨의 세도 정치를 비판하며 흥선 대원군˙의 개혁 정치를 지지했어요. 하지만 뒤에는 흥선 대원군의 경복궁 중건과 서원 철폐 정책에 반대하고 1874년에는 고종이 직접 정치를 하도록 상소를 올려 흥선 대원군을 물러나게 했어요.

이후 개화를 반대하는 위정척사˙파의 중심으로 활약하면서 강화도 조약˙을 반대하기 위해 도끼를 등에 지고 경복궁 앞에서 상소를 올리기도 했어요. 1905년 일제가 을사조약˙을 체결하자 전라도 태인에서 의병을 일으켰으나 관군에 의해 체포되어 일본의 대마도에 유배되었어요. 최익현은 일본이 주는 음식을 거부하고 단식하다가 감옥에서 순국하고 말았어요. 저서로는 《면암집》이 있어요.

■ 흥선 대원군 ❍ 220쪽
■ 위정척사 ❍ 139쪽
■ 강화도 조약 ❍ 15쪽
■ 을사조약 ❍ 148쪽

최제우 崔濟愚

1824~1864년 · 동학의 창시자

호는 수운이며 경상도 경주의 몰락한 양반 가문에서 태어났어요. 어려서부터 학문에 관심이 높아 동양 사상의 핵심인 유교·불교·선교만이 아니라 당시 유행하던 서학˙이나 무속, 도참비기 圖讖秘記 사상 등을 공부했어요. 서학이란 서양에서 온 학문이라는 뜻으로 천주교 사상을 가리키는 말이고, 도참비기란《정감록》같은 책처럼 미래를 예언한 비밀스런 책이나 방법을 말해요.

최제우는 30대가 되자 경주 용담정에서 더욱 정진하던 중 한울님 하느님과 만나는 신비한 체험을 하면서 깨달음을 얻었고 동학 지금의 천도교 을 창시했어요. 동학˙이란 서학과 대비되는 말로, 서학의 단점을 극복한 진정한 동쪽의 학문이란 뜻이에요. 동학의 핵심 내용은 '사람이 곧 하늘이다.'라는 인내천 人乃天 사상인데, 신분과 남녀를 구별하지 않고 모든 사람이 한울님과 같이 존귀한 존재라는 것이에요. 평등과 인권을 강조하는 동학은 신분 차별과 관리들의 수탈에 시달리던 농민이나 천민들 사이로 빠르게 퍼져 나갔어요. 그러자 권력자들은 "세상을 어지럽히고 백성들을 속이는 종교"라고 해서 동학을 억압하다가 1864년 최제우를 처형하고 말았어요. 최제우가 순교한 다음에도 동학은 더욱 빠르게 퍼져 나갔고 1894년에는 조선 사회의 개혁을 요구하는 동학 농민 운동˙으로 발전하게 되지요. 최제우의 저서로는 천도교의 경전이기도 한《동경대전》과《용담유사》등이 있어요.

■ 서학 ○ 98쪽 ■ 동학 ○ 52쪽 ■ 동학 농민 운동 ○ 53쪽

최치원 崔致遠

857~? 년 · 통일 신라 말기의 학자이자 문장가

    자는 고운 또는 해운이라고 하고 통일 신라 말기에 문장으로 널리 이름을 떨쳤어요. 6두품 출신이지만 12세의 어린 나이에 당나라로 유학을 가서 18세에 장원 급제하고, 879년 황소의 난이 일어나자 이를 토벌하자는 내용의 '토황소격문'을 써서 문장가로 이름을 날렸어요.

    신라로 돌아와서는 관리가 되어 당나라에 보내는 외교 문서를 작성하는 등의 일을 하다가 지방의 현령으로 나갔어요. 894년 진성 여왕에게 신라의 개혁을 제안하는 '시무 10조'를 올려 아찬에 임명되었으나 귀족들의 반발로 관직을 그만두고 이후 떠돌다가 합천 해인사에서 일생을 마쳤어요. 말년에는 신라의 신분 차별 제도인 골품제* 때문에 높은 관직에 오르지 못하고 자신의 정치 이상을 실현하지 못한 것을 한탄했다고 해요. 곳곳에 전설적인 발자취를 남기고 있으며 저서로는 우리나라 최초의 개인 문집인 《계원필경》이 남아 있어요. 경주 최씨의 시조이기도 하지요.

■골품제 ○ 21쪽

이상이 아무리 높아도 신분이 낮으면 오를 수가 없구나.

ㅊ

7·4 남북 공동 성명 南北共同聲明
1972년 · 남한과 북한이 공동으로 발표한 통일에 관한 공동 성명

7·4 남북 공동 성명은 남북한이 분단된 이후 최초로 통일에 관한 합의 내용을 서울과 평양에서 동시에 발표한 역사적인 성명이에요. 1972년 7월 4일 남한의 이후락 중앙정보부장과 북한의 김영주 조선 노동당 조직 지도 부장은 남북한 당국이 합의한 7개 사항을 각각 발표했어요. 그중에는 통일에 대한 3대 원칙으로 자주·평화·민족 대단결을 제시해 이후 남북통일의 기본 원칙으로 자리 잡게 되었어요. 1972년 2월 미국과 중국의 국교 정상화 등 국제적인 화해 분위기가 무르익자, 정치적 안정을 위해 대외적인 명분이 필요했던 남북한의 독재 정권이 이 공동 성명을 발표한 것이었어요.

이 성명은 국민적 합의에 따라 이루어진 것이 아니라 정부 당국자들의 밀실 회담을 통해 이루어졌다는 점에서 문제가 있었지만 남북이 다른 나라의 간섭 없이 자주적으로, 그리고 군사적·이념적 대결 없이 평화 통일을 이루기로 합의했다는 점에 가장 큰 의의가 있어요.

E

탕평책 蕩平策

조선 영조 · 정조 시대에 붕당 사이의 대립을 억제하고 각 당파에서 고르게 인재를 등용하던 정책

선조 시대에 사림 유학을 믿는 선비이 정치의 전면에 나서면서 동인·서인·남인·북인의 4색 당파가 등장했어요. 그리고 서인은 다시 노론과 소론으로 나뉘면서 붕당 정치˙가 시작되었어요. 붕당 정치는 초기에는 당파 간에 비판과 상호 견제를 하는 좋은 측면도 있었지만 뒤에는 상대 당파를 죽이는 등 점차 격렬하게 대립하는 폐단을 낳았어요.

이런 문제가 계속되자 그 해결책으로 나온 것이 탕평책이에요. 탕평이라는 말은 임금의 정치가 한편으로 치우치거나 어느 당파에 기울지 않고 공정하고 공평한 상태에 이르는 것을 말해요. 영조˙는 노론과 소론의 극심한 대립을 막기 위해서 각 당파에서 고르게 인재를 등용했어요. 이렇게 되자 점차 붕당의 세력이 약화되는 한편 왕의 인사권이 강화되었어요.

영조에 이어 정조˙는 더욱 적극적으로 탕평책을 실시했어요. 하지만 정조가 죽자 탕평책은 힘을 잃었고, 외척 등이 권력을 장악하는 세도 정치가 나타났어요. 영조나 정조가 왕권 강화에만 신경을 쓰고 제도적인 개선을 하지 않아서 더욱 나쁜 결과를 낳게 된 거예요.

■ 붕당 정치 **O** 83쪽
■ 영조 **O** 129쪽
■ 정조 **O** 169쪽

토지 조사 사업 土地調査事業

일제가 우리나라의 토지를 빼앗기 위해 벌인 대대적인 땅 조사 사업

일제는 우리나라를 식민지로 만든 다음 근대적인 토지의 소유권 제도를 만든다는 명목으로 전국적인 토지 조사 사업을 실시했어요. 1910년부터 준비해서 1912년부터 1918년까지 진행했지요. 일제가 경작권을 가진 농민을 보호할 목적이었다면 조사를 해서 경작하는 토지의 소유권을 인정하고 분쟁이 있는 땅만 조정하면 될 일이었어요.

그러나 일제는 누구나 신고하기만 하면 자기 소유로 인정해 주었어요. 이렇게 되자 양반을 비롯한 지식인층이 자기 토지를 늘려서 신고하는 바람에 글을 모르거나 신고하는 방법을 몰랐던 대다수 농민은 토지를 빼앗기고 말았어요. 더구나 마을에서 공동으로 사용하던 땅마저도 신고한 사람의 차지가 되었고, 신고하지 않은 땅은 모두 일제 총독부가 차지하게 되었어요. 총독부가 차지한 땅이 1930년 기준으로 전체 토지의 40퍼센트나 되었다고 해요. 토지 조사 사업이 끝나자 대다수 농민은 자신이 농사짓던 토지를 잃고 소작농으로 떨어졌고 일부 조선인 지주나 총독부는 엄청난 토지를 차지하는 지주가 되었어요. 또한 일제는 총독부의 땅을 동양 척식 주식회사*나 조선으로 건너온 일본인들에게 싼 값으로 넘겼어요. 그 바람에 대다수 농민들은 땅을 잃고 멀리 간도 지방으로 떠나지 않으면 도시의 공장 노동자로 되거나 소작농으로 비참하게 살아야 했어요.

■ 동양 척식 주식회사 ● 50쪽

통신사 通信使
조선 시대에 일본으로 보낸 사신의 일행

    조선 정부는 초기부터 일본과 외교 관계를 맺고 일본에 사신을 보냈는데, 이 사신 일행을 통신사라고 해요. 임진왜란˚으로 통신사 파견이 잠시 중단되기도 했지만 뒤에 일본의 요청으로 다시 보냈어요. 통신사는 일본에 보내는 외교 사절이었지만 함께 수행하는 사람은 관리만이 아니라 통역관이나 상인은 물론 의원, 도공, 인쇄공 등 다양한 직업을 가진 사람들이었고 대략 300~500여 명이나 되었어요. 그러니 통신사는 사실상 무역이나 기술, 문물 등을 교류하는 구실을 했어요. 조선보다 문화가 뒤떨어졌던 일본은 이들을 아주 융숭하게 대접했다고 해요. 고종 시대에 수신사˚로 이름을 바꾸었지요.

    조선은 중국의 영향으로 대외 관계를 적극적으로 추진하지 않았는데, 일본에 보내는 사신인 통신사와 청나라에 보내는 사신인 연행사만을 유지했어요.

■ **임진왜란** ○ 159쪽　　■ **수신사** ○ 105쪽

일본에 간 조선 통신사들의 행렬을 그린 그림이에요. 통신사는 일본의 곳곳을 들르기 때문에 보통 왕복에 1년 이상 걸렸다고 해요.

팔만대장경 八萬大藏經

1236년 · 고려 고종 때 만든 대규모의 불교 경전 모음집

고려는 불교를 국교로 믿는 나라여서 불경을 집대성해서 모은 대장경을 3차례나 만들었어요. 현종 때에는 《초조대장경》을, 문종 때에는 《속대장경》을, 그리고 고종 때에는 《팔만대장경》을 만들었어요. 대장경을 만든 이유는 주로 외적의 침입을 부처님의 힘으로 막으려거나 나라의 평안을 빌기 위함이었어요. 《팔만대장경》은 고려 고종 때인 1236년부터 1251년까지 16년에 걸쳐 만든 것으로, 몽골의 침입으로 《초조대장경》과 《속대장경》이 불타거나 없어지자 이것을 복원하고 부처님의 힘으로 몽고군을 물리치려는 의도에서였지요. 제작 당시에 나무에 글씨를 새겨 보관하는 경판의 개수가 8만 1258개여서 '팔만대장경'이라 불려요.

팔만대장경은 불교의 힘으로 몽고군의 침입을 막아보고자 하는 뜻으로 만든 거예요. 대장도감이라는 임시 기구를 설치하여 새긴 것이에요.

지금은 합천 해인사에 보관 중인데 경판을 보관한 건물인 장경판전도 과학적이고 아름다운 구조로 유명해서 1995년 유네스코 세계 문화유산으로 되었어요. 《팔만대장경》은 고려인이 온 정성을 쏟아서 만들어서 잘못된 글자가 거의 없으며 글자의 모양도 아주 아름답기로 유명해요. 지금까지 남아 있는 대장경판 가운데 가장 오래되었고 내용도 충실해서 2007년 유네스코 세계 기록 유산으로 등록되었답니다. 국보 32호예요.

8·15 광복 八一五光復

1945년 · 우리나라가 일제의 식민지에서 벗어나 주권을 도로 찾은 일

　일제는 36년 동안 한국을 식민지로 지배해 오다가 1945년 8월 15일 연합국에 패배하면서 무조건 항복을 해요. 일제는 제2차 세계 대전을 일으킨 나라들 가운데 이탈리아와 독일이 항복한 후에도 마지막까지 버티고 있었는데, 미국이 히로시마와 나가사키에 원자 폭탄을 터뜨리자 항복했어요. 일제가 항복을 선언하면서 우리 민족 역시 빛이 없는 어둠의 식민지 시대에서 벗어나게 되어요. 그래서 이 일을 빛을 되찾았다는 뜻에서 '광복'이라 부르고 이 날을 우리 민족의 경축일로 기념해요.

ㅍ

8조법 八條法

고조선에서 실시했던 8가지의 금지 법률

중국의 역사책인 《한서》에는 여러 나라의 지형이나 법률, 풍속을 다루는 〈지리지〉가 있는데, 그 내용 안에 고조선의 법률로 '범금 8조'가 있다고 나와요. 보통 8조 금법 또는 8조법이라고도 불리는 이 법률 조항 중 지금까지 전해진 것은 '사람을 죽인 자는 사형에 처한다.', '남을 다치게 한 자는 곡식으로 갚는다.', '남의 물건을 도둑질한 자는 그 집의 노비로 삼으며 노비를 벗어나려 하면 50만 전을 물어내야 한다.' 등의 세 가지뿐이에요.

이 내용으로 보면 고조선 사회는 주인과 노비가 있는 계급 사회이며 사유 재산을 소중하게 여겼으며 죄를 지으면 그에 맞는 벌을 주는 사회였음을 알 수 있어요. 또한 곡식으로 갚는다는 조항에서는 농업이 중심인 사회임을, 50만 전을 물어내야 한다는 조항을 보면 화폐를 사용하는 사회임을 알 수 있지요.

8조법을 통해 고조선의 사회상을 엿볼 수 있어.

한·일 병합 조약 韓日併合條約

1910년 · 일제가 우리나라를 강제로 병합한 조약

일본은 1910년 8월 22일 대한 제국"의 통치권을 일본에 넘긴다는 내용의 한·일 병합 조약을 맺으면서 대한 제국을 식민지로 만들어요. 이 조약은 한·일 합방 조약, 경술국치 등으로도 불리는데, 친일파인 대한 제국의 내각 총리대신 이완용과 일제의 조선 통감 데라우치 사이에 체결되었어요. 이 조약을 근거로 일제는 조선 총독부"를 만들어 식민 지배에 들어가요.

그런데 이 조약은 원천적으로 무효이며 국제법상 효력을 가질 수 없는 조약이라는 주장이 많아요. 조약 체결 당사자인 순종이 승인한 법적 문서나 서명이 없는 데다가 조약의 공식 명칭마저도 없기 때문이에요. 1965년 우리나라가 일본과 다시 국교를 맺으면서 작성한 한·일 기본 조약에도 '대한 제국과 일본 제국 사이에 맺은 모든 조약 및 협정은 무효'라고 하면서 조약의 합법성을 인정하지 않고 있어요.

■대한 제국 ❶43쪽
■조선 총독부 ❶174쪽

이 사람들이 나라를 팔아먹은 '을사5적'이군.

나만 잘살면 되지. 히히……

박제순

이완용

어험, 오로지 국민들을 위해……

권중현

흠흠…… 할 말 없음.

이근택

이지용

한국광복군 韓國光復軍
일제에 맞서기 위해 만든 대한민국 임시 정부의 정식 군대

1940년 김구"가 주석이던 대한민국 임시 정부"는 무장 독립 세력을 하나로 묶어 일제에 무력으로 맞서기 위해 광복군을 결성했어요. 이후 1942년에는 좌파이던 김원봉의 조선 의용대까지 통합, 보다 큰 규모로 확대했어요. 광복군은 1941년 일제가 태평양 전쟁을 일으키자 일본에 선전 포고를 하고 연합군과 함께 독립 전쟁을 벌였어요. 중국에서는 중국군과 함께 싸웠고 인도와 미얀마 등지의 미군을 돕기도 했어요. 8·15 광복" 직전에는 국내로 진격해 일제를 몰아내기 위한 작전을 세우기도 했어요.

한국광복군은 1940년 조직된 대한민국 임시 정부의 정규군이에요. 지금의 대한민국 국군이 바로 한국광복군에서 비롯된 것이지요.

하지만 군대의 규모가 작았고 중국군의 보조 역할에 그치는 등 실질적인 무장 투쟁에서는 큰 활약을 하지 못했기 때문에 연합국으로부터 공식적으로 인정받지 못했어요. 그래서 우리나라는 미군과 소련군이 점령하게 되고 분단으로 이어지는 아픔을 겪게 되지요.

■ 김구 ○ 35쪽   ■ 대한민국 임시 정부 ○ 44쪽   ■ 8·15 광복 ○ 201쪽

ㅎ

한용운 韓龍雲

1879~1944년 · 일제 시대에 활약했던 승려이자 시인, 독립운동가

호는 만해이며 용운은 그의 법명승려의 이름이에요. 18세에 출가해서 백담사에서 머물며 친일파가 장악했던 불교계의 개혁을 주장했고 뒤에는 시인이자 독립운동가로 활약했어요. 1919년에 3·1 운동*이 일어났을 때에는 민족 대표 33인으로 참여해 독립 선언서에 공약 3장을 추가하기도 했어요.

시인으로서는 자신이 주도한 《유심》이라는 불교 잡지에 등단한 다음 1926년에 대표적인 시 〈님의 침묵〉을 발표했고 1930년에는 〈흑풍〉이라는 장편 소설을 쓰기도 했어요. 독립운동가로서는 1927년 좌우 합작 독립운동 단체인 신간회*에 참여했고 일제가 식민지 시대 말기에 창씨개명*과 조선인 학병 모집을 추진하면서 독립운동가들을 회유했지만 이에 타협하지 않고 반대하다가 1944년 6월에 조국의 광복을 보지 못한 채 세상을 떠났어요. 저서로는 3·1 운동으로 옥고를 치르면서 독립의 필요성을 역설한 《조선 독립의 서》, 불교계의 개혁을 주장한 《조선 불교 유신론》과 시집 《님의 침묵》 등이 있어요.

■3·1운동 ❍94쪽   ■신간회 ❍109쪽   ■창씨개명 ❍182쪽

한인 애국단 韓人愛國團
중국 상해에서 결성한 항일 독립 비밀 단체

　일제가 1931년 만주 사변을 일으켜 중국을 침략하면서 상해에 있던 대한민국 임시 정부˙에서는 이에 대응할 독립 운동 단체를 설립하는 일을 김구˙ 주석에게 맡겼어요. 김구는 80여 명의 청년들을 모아서 무력으로 일본의 주요 인물들에 대해 응징을 하는 비밀 결사 조직인 한인 애국단을 만들었어요. 1932년 이봉창˙ 의사에 의한 일본 국왕 마차 공격 사건, 윤봉길 의사에 의한 홍커우 공원 폭탄 투척 사건 등은 모두 한인 애국단이 벌인 활동이었어요. 이때 이봉창 의사의 의거는 실패했지만 윤봉길 의사는 폭탄 투척에 성공해서 일본군 사령관 등을 사망시켰어요.

■ 대한민국 임시 정부 ◐ 44쪽
■ 김구 ◐ 35쪽
■ 이봉창 ◐ 150쪽

ㅎ

해동성국 海東盛國
발해의 전성기를 일컫는 말

발해는 698년 대조영이 고구려의 옛 땅인 만주 지역에 세운 나라예요. 우리나라가 남에는 통일 신라, 북에는 발해의 2개 국가로 나뉘어 있던 남북국 시대의 주역 중 하나이지요. 발해는 초기에는 당나라와 대립했으나 점차 고구려 옛 땅을 차지하면서 당나라는 물론 신라와도 우호 관계를 유지했어요. 그런데 798년부터 818년까지 약 20여 년 동안 왕권을 둘러싼 분열이 일어나 발해는 혼란에 빠졌어요. 이런 혼란을 극복하고 발해를 더욱 발전시킨 사람이 바로 선왕 재위 818~830 이에요. 선왕은 흑수 말갈 등 주변 이민족을 정벌해서 발해 최대의 영토를 확보했고 여러 제도나 행정 조직을 정비해서 정치적 안정을 꾀했어요. 또한 당나라나 일본, 통일 신라와 교류하면서 대외 관계도 안정시켰어요. 이렇게 발해가 선왕 시대에 전성기를 누리자 당나라에서는 '바다 동쪽의 융성한 나라', 즉 해동성국이라고 칭송했답니다.

발해는 고구려보다도 더 넓은 영토를 가진 나라였어.

헤이그 특사

1907년 · 고종이 을사조약의 부당함을 알리기 위해 헤이그에 파견한 특별 사절

1905년 일제는 을사조약"을 강요해서 대한 제국"의 외교권을 빼앗고 보호국으로 만들었어요. 이에 울분을 품은 고종은 1907년 네덜란드의 헤이그에서 만국 평화 회의라는 국제회의가 열리자 이상설, 이준, 이위종 3명을 특별 사절로 보냈어요. 일본의 침략과 강요에 의해 을사조약이 맺어진 사실을

고종 황제가 파견한 헤이그 특사예요. 왼쪽부터 이준, 이상설, 이위종이에요. 이준 열사가 순국한 헤이그에는 이준 열사 기념관이 세워져 있어요.

널리 알리고자 한 것이지요. 특사 파견이 알려지자 일본은 고종을 감금하고 특사들의 회의 참석을 방해했어요. 그 바람에 특사들은 회의에 참석하지 못하게 되었고 각 나라의 대표들에게 보내는 호소문을 전달하거나 언론 기자들을 대상으로 연설하는 것으로 그쳐야 했어요. 일제의 방해에 이준은 애국 충정의 심정이 끓어올라 순국하게 되었다고 해요. 헤이그 특사 사건이 있고 나서 일제는 고종을 감금하고 압박해서 아들인 순종에게 왕위를 물려주게 했어요.

■ 을사조약 **O** 148쪽   ■ 대한 제국 **O** 43쪽

ㅎ

호족 豪族

통일 신라 말기부터 고려 초기까지 지방에서 권력을 잡은 정치 세력

통일 신라 말기에 중앙에서는 귀족들의 극심한 권력 다툼이 일어났어요. 그 바람에 지방에 대한 통제가 거의 불가능해졌어요. 그 틈을 타서 지방에 자리 잡은 유력한 가문이나 군사 집단이 스스로 세금을 걷고 관리까지 임명하는 통치권을 가로챘어요. 이들을 호족이라 부르는데, 군진과 같은 군사 조직의 책임자나 촌주와 같은 고을의 유력자 그리고 중앙 권력에서 밀려나 지방으로 내려간 일부 귀족 등이었어요. 이들은 지방의 경제권과 군사력을 바탕으로 뒤에는 반란을 일으키기도 해요. 후삼국 시대를 연 견훤이나 궁예, 왕건˙ 등도 모두 유력한 호족 출신이었지요.

고려를 세운 왕건은 호족 세력의 도움을 받아 후삼국을 통일하게 되었기 때문에 호족들을 무시할 수 없었어요. 그래서 호족을 견제하기 위해 호족의 딸들을 자신의 왕비로 받아들이는 한편 기인 제도를 만들었어요. 기인 제도란 호족의 자제들을 일정 기간 동안 서울에 머무르게 하면서 중앙이나 지방의 관리로 채용하는 일종의 인질 정책이었어요. 이런 노력 끝에 고려는 광종·성종 시대에 가면 중앙 집권적인 왕권을 확립하게 된답니다.

후백제 왕 견훤

궁예

내가 왕이 될 것이오.

호족 세력이 필요하오.

■왕건 ○ 134쪽

호패법 號牌法
조선 시대에 신분 확인을 위해 16세 이상의 남자에게 호패를 가지고 다니게 하던 제도

호패란 신분에 따라 나라에서 지급하던 직사각형의 패로, 앞에는 이름이나 나이 등을 적어 놓고 뒤에는 관아의 도장을 찍은 것을 말해요. 오늘날의 주민등록증과 같은 것이지요. 인구를 파악하고 세금을 정확하게 거두는 효과가 있었고 백성들이 도적이 되거나 유랑민이 되는 것을 방지하기도 했어요. 호패법은 호패 착용을 의무적으로 하게 하는 법을 말하는데 조선 태종 때 처음으로 시행했어요.

혼천의 渾天儀
천체의 운행과 위치를 관측하는 기구

혼천의는 고대로부터 천체를 관측하기 위해 만든 하늘의 모형이에요. 별자리에 맞게 하루에 한 바퀴를 돌게 만들었어요. 중국만이 아니라 서아시아나 유럽에도 있던 기구였어요. 우리나라도 삼국 시대부터 사용했던 것으로 추측하는데, 정확하게는 조선 세종* 때 중국의 혼천의를 정초, 정인지가 두루 조사해서 이천, 장영실이 처음으로 만들었다고 해요. 오늘날 사진으로 보는 혼천의는 조선 현종 때 만든 혼천 시계에서 혼천의 부분만 모형으로 만든 것이라고 해요.

■ 세종 대왕 ❍ 102쪽

홍경래의 난

1811년 · 조선 순조 때 평안도 일대에서 일어난 농민 반란

조선 순조 때인 1811년 관리들의 부정부패와 서북 지방 평안도와 함경도 일대 에 대한 차별 대우를 이유로 일어난 농민 반란이에요. 홍경래는 몰락한 양반 출신으로 전국을 떠돌며 관리들의 부패로 대다수 백성들이 고통에 빠진 것을 보고 오랜 기간 반란을 계획했어요. 그는 상인이나 천민, 포수 등을 포섭해서 군사 훈련을 하고 평안도 가산에서 봉기를 했어요. 홍경래가 일어나자 박천·정주 일대의 9개 성이 반란군에게 장악되었어요. 하지만 정부군이 진압 작전을 펴서 결국 홍경래군은 정주성에 고립되었다가 패배하고 홍경래도 이 와중에 죽고 말았어요.

홍경래의 난은 초기 작전에서 실패하는 바람에 5개월 정도 끌다가 진압되었지만 그 과정에서 몰락한 양반이나 중소 상인, 농민이나 하층민 등의 광범한 지지를 받는 등 조선 후기의 사회적 문제점을 가장 잘 드러낸 사건이었어요. 그리고 이후 농민 반란이 일어나는 출발점이 되었어요. 50여 년 뒤인 1862년 일어난 임술 농민 봉기는 홍경래의 난에서 영향을 받아 전국적으로 확산된 민란인데, 이때 "홍 장군이 죽지 않고 다시 나왔다!"는 등의 유언비어가 떠돌기도 했다고 해요. 홍경래의 난과 진주 농민 봉기에서 시작되어 전국으로 퍼진 임술 농민 봉기 등으로 조선 후기의 봉건 체제 왕을 중심으로 사농공상의 신분 질서에 바탕을 둔 낡은 정치 체제는 급속하게 무너지기 시작했어요.

홍범 14조 洪範 十四條

1894년 · 고종이 만들고 발표한 국정 개혁의 기본 방침

1894년 2월 일본은 고종이 있는 경복궁을 강제로 점령하고, 친일파인 김홍집 내각을 내세워 갑오개혁*을 추진했어요. 갑오개혁은 조선의 근대적인 개혁을 추진했다는 점에서는 긍정적인 측면이 있었지만 일본이 조선에 대한 지배권을 강화하는 계기가 되었다는 점에서는 문제가 있었어요. 이렇게 갑오개혁이 추진되는 과정에서 고종은 조선의 자주독립을 선언하고 내정을 개혁한다는 취지로 1894년 12월 홍범 14조라는 국정 개혁의 기본 방침이자 강령 국가나 단체가 자신의 설립 목적이나 입장 등을 밝히는 것을 발표했어요. 주요 내용은 자주독립의 확인, 법률에 근거한 조세와 경비 지출, 왕실 업무와 국정 업무의 분리, 국왕과 내각의 역할 분리, 법에 의한 형벌 집행 등을 담고 있었어요. 말하자면 홍범 14조는 조선이 봉건적인 왕조 국가를 벗어나 근대적인 법치 국가로 나아가면서 발표한 기본 방침, 즉 오늘날의 헌법과 같은 문서였지요.

■ 갑오개혁 **○** 14쪽

ㅎ

홍익인간 弘益人間

널리 사람을 이롭게 한다는 뜻으로, 우리나라의 건국 이념이자 교육 이념

홍익인간은 '널리 사람을 이롭게 한다.'라는 뜻이에요. 고조선의 건국 신화인 단군 신화에는 "옛날 하늘나라의 임금 환인의 아들 환웅이 세상에 관심을 두고 인간 세상을 탐내어 자주 내려갔다. 이에 아버지가 아들의 뜻을 알고 아래로 삼위 태백 날카로운 세 개의 봉우리가 있는 태백산을 굽어보니 '인간을 널리 이롭게 할 弘益人間' 만했다……."라는 구절이 있는데, 여기에서 비롯된 말이에요. 옛날부터 우리나라 사람들은 홍익인간이라는 말을 소중하게 생각했고 이런 정신을 지키려고 했어요. 그래서 8·15 광복" 이후 대한민국이 건국되는 과정에서 홍익인간은 건국 이념이자 교육 이념으로 자리 잡게 되었어요. 특히 1949년에 제정된 교육법 제1조에는 "교육은 홍익인간의 이념 아래…… 한다."라고 명확하게 규정할 정도였어요.

■ 8·15 광복 ○ 201쪽

널리 사랑을 이롭게 하라.

화백 회의 和白會議

신라 시대에 귀족들이 모여 전원 일치 방식으로 결정하던 회의

신라 시대에는 왕이 나라의 중요한 일들을 마음대로 결정한 것이 아니라 중요한 직책을 맡았던 귀족들이 모여서 회의를 열고 결정했어요. 이 회의를 화백 회의라고 하는데, 한 사람이라도 반대를 하면 안건을 통과시킬 수 없는 전원 일치, 만장일치 방식의 회의였어요. 전쟁을 하거나 임금을 뽑거나 불교를 국교로 정하는 일 등이 주된 안건이었지요.

화백 회의에는 대략 20여 명의 귀족이 참석했는데, 이들은 서로 같은 지위를 갖는다는 뜻에서 '대등 大等'이라 불렸고 이들이 자체로 뽑은 의장을 '상대등 上大等'이라 했어요. 상대등은 화백 회의의 회의를 주관하고 의견을 조절하는 한편 왕의 일방적 요구를 견제하는 역할을 맡았어요. 화백 회의는 신라가 삼국을 통일하기 이전에 있었던 것으로 보는데, 이 시절에는 왕의 권한이 귀족들에 비해 상대적으로 약했음을 알게 해 주는 증거라고 할 수 있어요.

황성신문 皇城新聞

대한 제국 시절에 남궁 억, 장지연, 박은식 등이 발행한 일간 신문

1898년에 주 2회 발간하던 〈대한황성신문〉을 인수해 발행한 일간 신문이에요. 한글과 한문을 섞어 쓰며 대중적인 신문임을 내세웠는데, 한글만 사용한 〈제국신문〉과 더불어 대표적인 민족지였어요. 러시아나 일본 등 외세의 침략에 반대하는 한편 국민들의 애국심과 교육열 등을 북돋는 애국 계몽 정신을 강조했어요. 1905년 일제가 을사조약*으로 우리나라의 외교권을 빼앗자 장지연이 〈시일야방성대곡〉이라는 사설을 써서 이를 크게 비판하는 바람에 발행 정지를 당하는 등 수난을 겪다가 1910년 한·일 병합이 되면서 폐간당하고 말았어요.

■ 을사조약● 148쪽

1898년 9월 5일에 창간한 〈황성신문〉 창간호예요.
한·일 병합 이후 강제로 〈한성신문〉으로 제호가
바뀌었다가 폐간되었어요.

훈민정음 訓民正音

1443년 · 조선 세종이 창제한 우리나라 글자

줄여서 '정음'이라고도 하며 낮추어서 '언문'이라 부르기도 했어요. '백성을 가르치는 바른 소리'라는 뜻으로 1443년 세종 대왕*이 집현전* 학사인 정인지, 신숙주, 성삼문 등과 함께 자음과 모음 28자를 만들고 사용 시험과 준비 과정을 거쳐 1446년에 반포頒布 세상에 널리 퍼뜨려 모두에게 알리는 것 했어요.

훈민정음은 글자를 모르는 백성들이 글을 쉽게 배울 수 있도록 마음을 쓴 세종의 애민 정신백성을 사랑하는 마음이 들어 있는 글자이기도 해요. 세종은 훈민정음을 널리 퍼뜨리기 위해 언문청이라는 연구 기관을 만들고 한글의 원리와 의미, 사용 사례 등을 실은 《훈민정음 해례》나 조선 건국을 기리며 노래한 《용비어천가》 등을 지어 보급했어요. 이 《훈민정음 해례》의 판각 원본은 국보 70호로 1997년 유네스코 세계 기록 유산으로 등록되었어요.

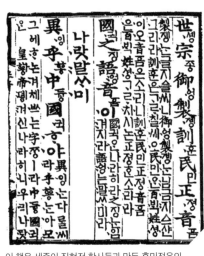

이 책은 세종이 집현전 학사들과 만든 훈민정음의 해설서예요. 책 이름은 《훈민정음》이라고도 하고 해설이 붙어 있어서 《훈민정음 해례본》이라고도 해요.

■ 세종 대왕 ○ 102쪽
■ 집현전 ○ 180쪽

ㅎ

훈요십조 訓要十條

943년 · 고려 태조 왕건이 후손에게 내려 준 10개 항목의 정치적 지침서

고려 태조 왕건*이 943년에 신하인 박술희를 불러 전했다고 하는 10개 항목의 유훈죽은 사람이 후손에게 남기는 훈계을 말해요. 고려의 공식 역사책인 《고려사》에 실려 있어요.

훈요십조는 고려 태조가 가지고 있던 정치적 생각을 파악할 수 있다는 점에서 의미가 있는 글이에요. 이 가운데에는, '불교를 장려하라.'거나 '연등회와 팔관회를 정한 대로 지키라.'와 같은 불교를 장려하는 내용이나 '서경은 풍수지리에 중요한 지점이니 서경에서 1년에 100일간 머물라.'와 같이 풍수지리설땅의 모양이나 무덤의 위치 등에 의해 사람의 길흉화복이 결정된다는 주장에 대한 신봉 등이 가장 눈에 띄어요. 그런데 8조에 후백제 지역을 의미하는 차령산맥 남쪽과 공주강 밖 지방의 인물을 등용하지 말라는 대목이 나온다든가 이 글이 발견된 시점이 후대인 현종 시대라는 점 때문에 뒤에 위조된 문서일 수 있다는 주장도 있어요. 사실 왕건은 후백제 출신 신하들의 덕을 많이 보아서 그들을 중용했고 이 글을 전달한 박술희도 후백제 지역 출신이기 때문이지요.

■ **왕건** ○ 134쪽

휴전 협정 休戰協定
1953년 · 6 · 25 전쟁을 종결하기 위해 맺은 전쟁 중지 협정

1950년 남북한 사이에 6 · 25 전쟁˙이 일어났어요. 그런데 유엔군과 중국군이 전쟁에 참여한 다음부터 전선은 큰 변동 없이 지리하게 전투만 이어졌지요. 이렇게 아무 의미 없이 전쟁만 길어지자 1951년 7월부터 전쟁 참가국 사이에는 전쟁을 일시 중단하거나 멈추는 정전, 또는 휴전을 위한 회담이 진행되었어요. 무려 2년 정도 끈 휴전 회담의 결과 1953년 7월 27일 유엔군과 북한군, 중국군 사이에 휴전 협정이 맺어져서 전쟁은 사실상 그치게 되어요. 이 협정을 한국 휴전 협정이라고 부르는데, 정식 명칭은 '한국 군사 정전에 관한 협정'이에요.

정전 협정이라고도 부르는 휴전 협정으로 전쟁은 완전하게 끝난 것이 아니라 일시적으로 휴전한 상태로 되었지요. 주요 내용은 휴전선과 비무장 지대의 설치, 전쟁 포로의 교환 등이었는데, 대한민국은 이 협정의 당사자에서 빠졌어요. 이승만˙ 대통령이 북진 통일을 주장하면서 휴전 협정의 조인을 반대했기 때문이에요. 그래서 뒤에 남북한 사이에 군사 문제가 발생할 때마다 한국은 당사자가 아니라는 이유로 북한 당국이 유엔군하고만 회담하는 일이 벌어지는 원인이 되었지요.

■ 6 · 25 전쟁 ◐ 143쪽　　■ 이승만 ◐ 152쪽

ㅎ

흥선 대원군 興宣大院君

1820~1898년 · 고종의 아버지로 조선 후기의 왕족이자 정치가

조선의 26대 고종의 아버지로, 이름은 이하응이에요. 1863년 둘째 아들이던 명복이 12세의 어린 나이에 고종으로 즉위하면서 임금의 아버지를 높이는 대원군으로 임명되어 고종을 대신해 나라를 다스렸어요.

정권 초기 대원군은 안동 김씨 중심의 세도 정치를 견제하고 인재를 고르게 등용하는 한편 서원 철폐, 호포법 실시 등을 통해 썩은 조선을 개혁하려고 했어요. 세도 정치는 외척 세력이 권력을 독차지하고 왕을 허수아비로 만들어 온갖 비리를 저지르던 조선 후기의 대표적인 권력형 부패 정치였어요. 또한 서원 역시 지방에 뿌리 내린 양반 세력이 농민들을 부려 먹고 나라의 여론을 조작하던 비리의 온상이었지요. 호포법은 군포군대를 면제받는 대신 내던 베를 양반도 내게 만든 제도로 양반의 특권을 없애고 국가의 재정을 늘리는 정책이었어요. 이렇게 흥선 대원군은 개혁 조치를 통해 왕권을 강화하고 조선의 부강을 꾀하려고 노력하기도 했어요.

하지만 전통적인 유교 사상을 신봉하면서 일부의 세도 가문이 가진 권력을 왕실로 집중하려고 하는 데 그쳤기 때문에 그의 개혁 정책은 한계에 부딪쳤어요. 그는 당시 근대화를 통해 부국강병을 이루려는 세계적인 추세를 외면하고 도리어 외국과의 문물 교류 등을 거부하는 쇄국 정책을 폈고 백성들의 경제적 어려움을 돌보지 않은 채 임진왜란*으로 불탄 경복궁을 다시 짓는 등의 무리한 정책을 폈어요. 또한 천주교나 동학*과 같은 종

교를 탄압하면서 병인양요"와 신미양요"
같은 외국의 침략이나 동학 농민 운동"
과 같은 민란이 일어나는 원
인을 제공하기도 했
어요. 그가 두 번의
외국 침략이 끝난
다음 세운 척화비는 이
런 쇄국 정책을 대표하는 유물이
에요. 더구나 고종이 성장한
뒤에도 권력을 놓지 않으려다
가 며느리인 명성 황후의 반발과

최익현" 등 양반 세력의 상소로 1873년 권좌에서 밀려나게 되었어요.

　말하자면 흥선 대원군은 무너져 가는 낡은 조선의 목숨을 잠시 유지
시키는 역할만 했다고 할 수 있어요. 그는 권좌에서 물러난 다음에도 다
시 권력을 잡으려고 애써서 1882년 임오군란", 1895년 명성 황후 시해
뒤에는 일시적으로 복귀하기도 했어요. 하지만 그의 이런 권력욕은 청
나라나 일본에게 이용만 당하고, 말년에 경기도 양주에서 쓸쓸하게 숨
지고 말았어요.

등

선사 시대 및 초기 국가 시대

약 70만년 전	구석기 시대 시작
약 8000년 전	신석기 시대 시작
기원전 2333년	고조선 건국
기원전 2000~1500년	청동기 문화의 보급
기원전 400년	철기 시대 시작
기원전 194년	위만, 고조선의 왕이 됨
기원전 108년	고조선 멸망
기원전 57년	신라 건국
기원전 37년	고구려 건국
기원전 18년	백제 건국

삼국 시대

42년	금관가야 건국
194년	고구려, 진대법 시행
313년	고구려 미천왕, 낙랑 정복
371년	백제 근초고왕, 고구려 고국원왕을 전사시킴
372년	고구려에 불교 전래
384년	백제에 불교 전래
396년	고구려 광개토 대왕, 백제의 위례성 공격 및 아신왕 항복 받음
400년	고구려, 금관가야 정벌

427년 고구려, 평양으로 수도 이전

433년 백제와 신라, 나·제 동맹 맺음

475년 고구려 장수왕, 백제 한성 점령 및 개로왕 전사시킴

503년 신라 지증왕, 신라로 국호 바꾸고 왕이라는 명칭 사용

512년 신라 이사부, 우산국 울릉도 정벌

527년 신라 법흥왕, 불교 공인

538년 백제 성왕, 사비 부여로 수도 이전

551년 백제 성왕과 신라 진흥왕, 한강 유역 되찾음

554년 백제 성왕, 관산성에서 전사

562년 신라 진흥왕, 대가야 정복

612년 고구려 을지문덕, 수나라의 침략에 맞서 살수 대첩

645년 고구려, 당나라의 침략에 맞서 안시성 전투 승리

660년 백제, 나·당 연합군에 멸망당함

668년 고구려, 나·당 연합군에 멸망당함

676년 신라, 당나라군을 물리치고 삼국 통일

남북국 시대와 후삼국 시대

698년 대조영, 발해 건국

732년 발해 무왕, 당나라 덩저우 공격

751년 신라, 불국사와 석굴암 건립

788년 신라, 독서삼품과 실시

828년 신라 장보고, 청해진 설치

900년 견훤, 후백제 건국

901년 궁예, 후고구려 건국

918년 왕건, 궁예를 몰아내고 고려 건국

926년 발해, 거란에 멸망당함

935년   신라, 고려에 항복해서 멸망

936년   후백제 멸망, 고려의 후삼국 통일

고려 시대

956년   광종, 노비안검법 실시

958년   광종, 과거제 실시

976년   경종, 전시과 실시

983년   성종, 12목을 설치하고 3성 6부 제도 실시

993년   서희, 외교로 거란의 1차 침입 물리침

1019년   강감찬, 귀주 대첩으로 거란 3차 침입 물리침

1107년   윤관, 여진 정벌 후 9성 쌓음

1126년   이자겸의 난 일어남

1135년   묘청의 서경 천도 운동 일어남

1170년   무신 정변 일어남

1198년   최충헌의 노비 만적, 반란을 계획

1231년   몽골의 1차 침입

1236년   팔만대장경 조판 시작

1270년   몽골과의 강화 및 삼별초의 대몽 항쟁 시작

1377년   최무선, 화통도감 설치하고 화약 제조 시작

1388년   이성계, 위화도 회군

1389년   박위, 대마도 정벌

1392년   고려 멸망, 조선 건국

조선 시대

1394년   한양으로 수도 이전

1443년   세종, 한글 창제

1485년   《경국대전》완성

1506년   중종반정으로 연산군 몰아냄

1510년   삼포 왜란 일어남

1592년   임진왜란 일어남

1598년   이순신, 노량 해전 승리 후 전사

1608년   광해군, 경기도에 대동법 실시

1623년   인조반정으로 광해군 쫓겨남

1636년   병자호란이 일어나 인조가 항복함

1653년   하멜, 제주도에 도착

1708년   숙종, 전국에 대동법 실시

1712년   백두산 정계비 설치

1725년   영조, 탕평책 실시

1750년   영조, 균역법 실시

1776년   정조, 규장각 설치

1801년   천주교 금지로 신유박해

1811년   홍경래의 난 일어남

1860년   최제우, 동학 창시

1861년   김정호, 대동여지도 제작

1862년   임술 농민 봉기 일어남

근대 사회

1863년   고종 즉위, 흥선 대원군 집권

1866년   제너럴셔먼호 사건, 병인양요 일어남

1871년   신미양요 일어남

1876년   일본과 강화도 조약 맺음

1882년   임오군란 일어남

1884년   갑신정변 일어남

1894년   동학 농민 운동, 청·일 전쟁 일어남. 갑오개혁 실시

1895년   일본, 명성 황후 시해 을미사변

1896년   아관 파천 일어남, 독립 협회 설립

1897년   대한 제국 성립

1898년   만민 공동회 개최

1904년   러·일 전쟁 일어남

1905년   을사조약 체결

1907년   국채 보상 운동 일어남. 헤이그 특사 파견

1909년   안중근, 이토 히로부미를 죽임

1910년   한·일 병합 조약으로 일제의 식민지가 됨

1911년   105인 사건 일어남

1912년   토지 조사 사업 시작

1914년   이상설, 대한 광복군 정부 수립

1919년   3·1 운동 일어남. 대한민국 임시 정부 수립

1920년   독립군, 봉오동 전투와 청산리 전투에서 승리

1926년   6·10 만세 운동 일어남

1927년   신간회 설립

1929년   광주 학생 운동 일어남

1932년   이봉창·윤봉길 의사 의거

1940년   대한민국 임시 정부, 한국광복군 설립

1942년   조선어 학회 사건 일어남

1945년   8·15 광복

1945년	모스크바 3국 외상 회의 열림
1946년	미·소 공동 위원회 열림
1948년	5·10 선거 실시, 대한민국 정부 수립
1950년	6·25 전쟁 일어남
1953년	휴전 협정 맺음
1960년	4·19 혁명 일어남
1961년	5·16 군사 정변 일어남
1962년	제1차 경제 개발 5개년 계획 실시
1965년	한·일 협정 맺음
1970년	경부 고속 도로 개통
1972년	7·4 남북 공동 성명 발표, 10월 유신 선포
1979년	10·26 사태, 12·12 군사 반란 일어남
1980년	5·18 광주 민주화 운동 일어남
1987년	6월 민주 항쟁 일어남, 6·29 선언 발표
1988년	서울 올림픽 개최
1991년	남북한 유엔 동시 가입
1993년	김영삼, 문민 정부 시작
1998년	김대중, 국민의 정부 시작
2000년	제1차 남북 정상 회담 개최, 6·15 남북 공동 선언 발표
2002년	한·일 월드컵 대회 개최
2003년	노무현, 참여 정부 시작
2007년	제2차 남북 정상 회담 개최
2008년	이명박, 17대 대통령 취임
2013년	박근혜, 18대 대통령 취임
2017년	문재인, 19대 대통령 취임

이 책에 사용된 사진들의 출처

26쪽 **구석기 시대 재현_** 대전 선사 박물관

49쪽 **팔도총서_** 서울대학교 규장각 한국학 연구원

85쪽 **비파형 동검_** 국립 경주 박물관

102쪽 **복원 자격루_** 국립 고궁 박물관

111쪽 **복원 움집_** 서울 암사동 유적

184쪽 **장대투겁방울_** 국립 경주 박물관

그 **외_** 위키미디어 공용